男孩百科

优秀男孩的说话之道

彭凡 编著

想成为人才,先练好口才

化学工业出版社
·北京·

前言

聊天时,
你是不是会说出让朋友尴尬的话?
聚会时,
你是不是会因为一句话而陷入冷场?

讨论时,
你是不是会常默默无言地待在角落?
演讲时,
你是不是会紧张得语无伦次?

语言是一座桥梁,
能拉近人与人之间的距离;

语言是一门艺术,
能向所有人展示最优秀的自己;

同时,语言也是一种魔法,
它能让你成为最受欢迎的人。

但是,语言也分好坏,
优美动听的话语,
能给人以温和舒适的抚慰;
而难听恶毒的话语却像一潭泥沼,
腐蚀真诚的情谊。

你责怪过自己因为不会说话,而备受冷落吗?
你羡慕那些会说话、人缘好的同学吗?
你想掌握出口成章的魔法吗?
你想成为自信的主持人或演说家吗?

那么,打开这本书吧!
79个说话妙招,教你掌握说话之道,
为你的人生增添色彩,
让你成为最会说话的男孩。

目录

第一章　与人交流，这些话让你闪闪发光

微笑是一种特别语言	12
幽默的自我介绍	14
我们的共同话题	16
嗨！你好！	18
聊天时千万别走神	20
你是聊天"切割机"吗？	22
别表现得不耐烦	24
多说一个"请"	26
我会倾听吗？	28
嘘！小声一点儿！	30

声音太小了吗？	32
话被吃掉了吗？	34
别用命令的口气	36
好尴尬呀，怎么办？	38
和新朋友交谈时	40
男孩说话要算数	42
不做"吹牛大王"	44
沉默的力量	46
丰富的肢体语言	48

第二章　深入人心，赢得大家喜爱的说话方法

记住别人的名字	52
他的表情说明什么？	54
好朋友之间怎么说话？	56
和女生怎么聊天？	58
你会说"对不起"吗？	60
安慰别人有方法	62
停下无聊的话吧！	64
说积极的话	66
你也来说说吧！	68
生气时怎么说话？	70
停止唠叨和抱怨	72
不会被拒绝的话	74
如何指出别人的失误？	76

坦诚的忠告	78
我说东，你说西	80
什么都懂一点儿	82
别再不懂装懂了	84
上课别乱说话	86
语言禁区	88
说话表里如一	90
恰到好处的赞美	92
别再说谎了	94
藏起充满优越感的话	96
不做慢半拍先生	98
与父母对话	100
不知道你在说什么	102
当有人反驳你时……	104

目录

第三章 语言磁场，掌握话语主动权

委婉地说"不"	108
说话的姿态	110
学会应付敏感话题	112
勇敢说出你的合理要求	114
巧妙地转移话题	116
气氛突然冷掉了	118
你的话会让人主动接受吗？	120
被误会了怎么办？	122
开诚布公地说话	124

不要随波逐流	126
课堂上积极发言	128
关键时刻的决断力	130
老师，我有一个问题	132
心理暗示的话	134
讨论时要注意……	136

第四章　能言善辩，我是演讲小天才

练好你的普通话	140
脑袋一片空白	142
观众都是大白菜吗？	144
辩论不是"口水战"	146
小心你的口头禅	148
具有画面感的语言	150
演讲就是要让人听得懂	152
演讲的口语技巧	154
一次成功的演讲	156
脱稿，你能做到吗？	158

糟糕，忘词了！	160
废话太多了	162
演讲时的意外	164
让人信服的演讲	166
这样演讲更有吸引力	168
回答不出该怎么办？	170
自信就等于成功了一半	172
用知识武装语言	174

人物介绍

于小默：
沉默寡言，胆子小，不太会说话的男生。可是，他很善于倾听。

车迟：
说话风趣，善于言谈的男生，大家都爱和他说话。

杨旭：
说话直来直往，不喜欢当听众，老爱打断别人。但是他懂得很多知识，什么话题都能聊。

宋恩明：
优点是口才很好，具有领导力；缺点是有点儿自负，喜欢用命令的语气说话。

戴小·萌：
自信乐观，温柔大方的女生。

朱·老师：
演讲和辩论能力都很强的老师。

第一章

与人交流，这些话让你闪闪发光

微笑是一种特别语言

开学的第一天，于小默既期待又紧张。期待的是，他将认识一群新朋友；紧张的是，他不知该如何与这些新朋友相处。

这天，于小默早早地来到五年级二班的新教室，环顾四周，全是陌生的面孔，这让他整个人超不自在。于是，他苦着一张脸，找到自己的座位坐下，然后开始埋头整理新课本……

这时，旁边突然伸出一只手，搭在他的肩上，把他吓了一跳。他慌忙转头，只见一个戴着鸭舌帽的男孩正一脸微笑地望着自己："想必这位'壮士'就是我的新同桌吧！自我介绍一下，我叫杨旭，敢问尊姓大名啊？"

于小默瞬间被他的话给逗乐了，于是也学着他的腔调，回答道："在下于小默是也！"

"哈哈哈……"短暂的停顿后，两人居然同时哈哈大笑起来。

就这样，完全不认

识的两人很快打成了一片。

瞧！交朋友其实很简单，根本不需要太多复杂的技巧，有时候只需一个微笑就够了。微笑就是一种特别的语言，是人和人交流时的敲门砖，更是拉近人与人之间距离的桥梁。一天之内，我们的杨旭同学借着这种"特别语言"交到了好多新朋友呢！

不过，"微笑"的作用可不只有这一种哟！

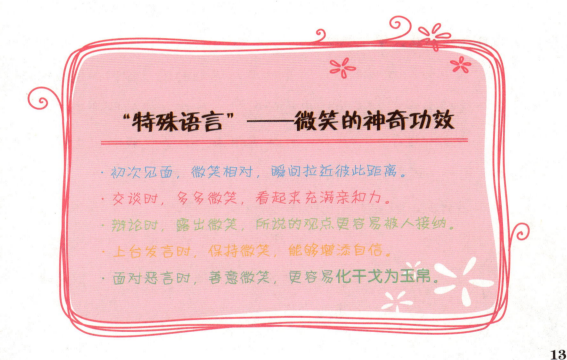

"特殊语言"——微笑的神奇功效

· 初次见面，微笑相对，瞬间拉近彼此距离。
· 交谈时，多多微笑，看起来充满亲和力。
· 辩论时，露出微笑，所说的观点更容易被人接纳。
· 上台发言时，保持微笑，能够增添自信。
· 面对恶言时，善意微笑，更容易化干戈为玉帛。

【注释】化干戈为玉帛：原意指和平取代战争，现在常用来形容人和人之间消除误会，和好。

幽默的自我介绍

新的环境，新的同学，新的老师，大家谁也不认识谁。为了让同学们快速地熟悉起来，班主任朱老师决定让大家做一次自我介绍。

怎样介绍才能给老师和同学们留下深刻印象呢？其中一位男生的自我介绍让大家记忆犹新：

"大家好，我叫车迟，汽车的车，迟到的迟。你们知道我为什么叫这个名字吗？因为我出生的时候，赖在老妈的肚子里不出来，预产期都过了一个星期，我才肯出来。老爸说我一出生就迟到了，是一个迟到大王，所以就给我取了车迟这个名字。"

车迟说完，教室里传出阵阵笑声。

车迟又赶紧对班主任朱老师说："不过朱老师，请您放心，虽然我的名字里有个迟字，但是我上课时一定不会迟到的。"

大家一听，笑得更欢了，连朱老师也被车迟逗

乐了。车迟可真幽默，大家一下子就记住了他，想忘记都难。

原来，自我介绍也可以这么特别、这么有趣，拥有让人瞬间记住自己的魔力！于小默心想：如果我的自我介绍也能这么有趣就好了。

我会幽默的自我介绍

- **我会自嘲。**用自己的名字、外形上的特点调侃自己。
- **我会夸张。**适当用一点夸张的语气，做一些夸张的表情、动作。
- **我会讲笑话。**巧妙地插入一两个新颖的冷笑话。
- **我会互动。**找准时机和老师、同学们来一两个有趣的问答小互动。
- **最最最重要的一点，我和别人的不一样。**

自我介绍可不是做数学题，如果只是一味地套别人用过的模式，讲的笑话都是别人听过的，怕是也很难引人发笑，被人记住吧！所以，**如果你能找准自己的特色，做一个和别人都不一样的自我介绍，那么，即使放弃前面的四点，你也同样能在众人中脱颖而出哟！**

现在，赶快想一个特别的自我介绍吧！

我们的共同话题

我一个人说得口都干了，于小默却一句话也不说，他是不是不想和我做朋友？

我对游戏一窍不通，要是以后他一直和我聊游戏，我该怎么办？

班主任朱老师重新编排了座位，于小默和车迟成了同桌。

刚坐下，车迟便打开了话匣子："你好，于小默，以后我们就是同桌了……我最喜欢看漫画书和玩游戏。最近有一款游戏特别火，每天放学回家我都要玩一会儿。打怪兽、做任务……可帅了。我在游戏里的职业是猎人，不过等级还不高，嘿嘿……"

听着车迟叽里呱啦地说个不停，于小默却只能傻愣着，半句话也插不上。因为他从来没玩过游戏，什么打怪兽啊，猎人啊……他一句也听不懂。可是，他见车迟说得这么起劲，也不好意思打断他，只好硬着头皮听下去，不过思绪早就飞到九霄云外去了……

于是，两人便有了各自的烦恼：

车迟十分苦恼地摆手耸肩，心想：我一个人说得口都干了，于小默却一句话也不说，他是不是不想和我做朋友？

于小默抓抓头,也很苦恼:我对游戏一窍不通,要是以后一直和我聊游戏,我该怎么办?

你瞧!因为一个不太合适的话题,原本可以很快成为好朋友的两人,彼此之间却产生了不必要的误会。看来,和新朋友聊天也需要讲究技巧,选对话题呀!

 快来看看万无一失的四大话题吧!

一、聊天气。天气和生活息息相关,是人们最关注的话题之一。不妨说一句"今天天气可真不错呀,不如下课后我们去打球吧!",或者"今天下雨了,你带伞了吗?"。

二、聊彼此都认识的人。可以聊姚明、林丹这些名人,也可以聊两人都认识的朋友。不过可不要说朋友的坏话哟,以免给对方留下不好的印象。

三、聊最近发生的新闻。"你知道吗,最近发生了一件大事……"这样的开头,是不是很吸引人呢?

四、聊两人都感兴趣的话题。先了解对方的兴趣和爱好,从中找到两人都有兴趣的话题来聊,这样一来,两人都有话说,就不会有谁因为插不上话而尴尬啦!

嗨！你好！

这天，于小默正走在上学的路上。这时，同班的戴小萌从马路对面走了过来……

于小默心想：我要不要主动跟她打招呼呢？可是我在班里没和她说过话，她会不会不认识我呢？要是这样，那我多尴尬……

于小默正纠结呢，戴小萌已经走到他的面前，微笑着向他招手："于小默，早上好呀！"

"早上好！"于小默一下子消除了顾虑，也礼貌地回应戴小萌。

于是，两人结伴，一边开心地聊天，一边朝学校走去。

到了学校，于小默发现戴小萌也没闲着，热情地和班上的同学打招呼，很快就和大家打成了一片。于小默心想：原来主动打招呼也没那么难嘛，戴小萌能做到，我也能做到，下次我一定要主动出击！

懂得主动打招呼，不仅能拉近彼此之间的距离，还能给别人留下一个好印象，能让你在最短的时间交到更多的好朋友哟！

四个打招呼的步骤，让你新学期不掉队。

第一步，从微笑和点头开始。

第二步，问候语不能少。比如早上好，中午好，下午好，晚上好。

第三步，情景对话。比如："周末玩得开心吗？""吃过饭了吗？"

第四步，态度要自然、真诚。

聊天时千万别走神

中午，杨旭抱着篮球冲进教室，对他的同桌宋恩明说："宋恩明，告诉你一个好消息。"

宋恩明问："什么好消息呀？"

杨旭兴奋地说："今天中午，我们班和三班举行了一场友谊篮球赛。比赛到最后五分钟，我们班的分数比三班少一分。眼看着我们班就要输了，没想到，在最后一分钟的时候，我们班的车迟同学突然发力，进了一个球。哈哈哈，最后我们班以一分的优势反超了三班，赢得胜利。你说是不是太惊险了？……"

杨旭越说越开心，手脚并用，恨不得把当时的情景重现一遍。

可是，听完杨旭的"好消息"，宋恩明突然冒出一句："嗯，杨旭，我觉得你说得挺对的。"

"……"听到这莫名其妙的回答，杨旭气得说不出话来。很显然，宋恩明根本就没有认真听他讲话嘛！顿时，他的好心情全被破坏了。

走神可是聊天的一大禁忌。试想一下，聊天时，你说得可起劲了，对方却一个字也没听进去，你是不是会很生气呢？反过来也一样，如果朋友和你聊天时，你总是走神，那你的朋友也一定会很失望。

所以，从现在开始，聊天时千万别走神了。

- 聊天时，不要东张西望，尽量将目光转移到对方的身上。
- 时不时用点头、摇头等肢体语言来回应对方，让对方感觉到你在认真听他讲话。
- 如果对对方的话题不感兴趣，可以委婉地转移话题，但是尽量不要让对方感到尴尬。
- 适当发表自己的看法和建议。

你是聊天"切割机"吗？

课间，车迟和于小默正在走廊上讨论动画片……

两人聊到彼此都非常喜欢的一部动画片，说得正起劲呢，突然，杨旭从教室里冲出来，对着他俩大叫道："车迟、于小默，今天下午有一场篮球赛，我们一起去看吧！"

对话突然被打断，车迟和于小默都有点儿不开心，于是两个人异口同声道："不去！"

可是，大大咧咧的杨旭一点儿也没有意识到自己打断了别人的谈话，还滔滔不绝地说："不去你们可别后悔啊！你们知道今天我们学校的对手是谁吗？是去年拿了全市篮球比赛冠军的队伍……喂……你们怎么走了？……"

没等杨旭说完，车迟和于小默互相使了个眼色，便一声不吭地向教室

走去。

"真没礼貌!"杨旭嘟囔了一句,也垂头丧气地回了教室。

原本一次愉快的聊天,却搞得不欢而散,没有礼貌的人究竟是谁呢?其实,如果不是杨旭突然插话,像切割机一样切断了原本愉快的对话,车迟和于小默也不会不理他呀!如此看来,还是杨旭没礼貌在先。

当然啦,我们每个人都有说话的权利,可是如果不考虑别人的感受,不分场合和时间,就不礼貌地打断别人,或者抢接别人的话题,不仅会扰乱别人的说话思路,还会造成对方的不快,引起不必要的误会。

谈话时你应该注意什么?

1. 不要用不相关的话题或者没有意义的评论打断别人。
2. 当对方在饶有兴致地说一件事时,不要随意泼冷水。
3. 不要抢着帮别人说话。
4. 听对方把话说完,再发表你的想法。
5. 不得已要打断对方说话时,请在你要说的话前面加上"抱歉,打扰一下"。

别表现得不耐烦

今天,数学老师布置的数学作业中,有一道题于小默不会做。他决定向数学科代表宋恩明求助:"宋恩明同学,我有一道题不会做,你可以给我讲解一下吗?"

宋恩明正在做作业,对于小默的突然打扰有点儿不开心,他瞟了一眼,皱着眉头说道:"这么简单的题你也不会啊!你要这样算……"

宋恩明讲得飞快,于小默一句也没听懂,他只好小心翼翼地再问一遍:"我,我没太听懂,你可不可以再说一遍呀?"

宋恩明一听,不耐烦了:"哎呀,你还要我说几遍啊,你怎么……听清楚了,我再说最后一遍……"

等宋恩明说完,于小默尴尬地笑了笑,说:"呵呵,我好像懂了！谢谢你啊！"然后，他赶紧逃回了自己的座位。

其实啊，于小默根本没听明白，只是看着宋恩明一脸不耐烦的样子，他不敢再"招惹"他了。

有时候，你说话时的态度和语气不耐烦，可能会让你失去一个朋友。可能我们自己觉得没什么，但是别人会以为你很讨厌他，不愿意和他说话。最后，别人不愿意再自讨没趣，主动找你说话了。

所以，我们说话时，一定要注意自己的态度和语气，设身处地地为别人考虑。

 改掉不耐烦的语气

* **别把不耐烦的话挂在嘴边。**尽量少说"好了，好了！""哎呀！""有完没完！""我知道了！"这类的话。

* **站在他人的角度想一想。**当你不耐烦时，想一想：如果别人对你说了不耐烦的话，你会是什么样的感觉？

* **控制自己的情绪。**用微笑和平静掩饰自己不耐烦的情绪，久而久之，不耐烦的坏脾气就会不知不觉消失不见啦。

多说一个"请"

最近,杨旭特别纳闷,因为他发现周围的人都对自己不冷不热。

比如上课时,他向戴小萌借钢笔,戴小萌没理他。

中午,同学们挤在讲台上拿自己的周记本,杨旭让前面的同学帮他拿一下,那位同学明明听见了他的话,却依然只拿了自己的。

杨旭忍不住向于小默抱怨:"大家怎么连帮个小忙都不愿意,真小气。"

于小默想了一下,对杨旭说:"杨旭,你知道为什么大家都对你不冷不热吗?不是因为大家小气,而是因为你说话时少说了一个'请'字。"

发现问题了吗?杨旭在请同学帮忙时,因为少说了一个"请"字,或是语气不礼貌,同学们才不愿意搭理他。如果他换一种礼貌的说法:"戴小萌,我能借一下你的钢笔吗?""请帮我拿一下可以吗?"相信大家一定会乐于帮他的忙。

也许很多人都和杨旭一样,内心善良,没有坏心眼,可说出来的话特别不中听。这样的人,不仅得不到大家的帮助,还会给大家留下"这个人一点也不友好"的坏印象。

学会说"请"字,学会用礼貌用语,这样的你才能收获好人缘哟!

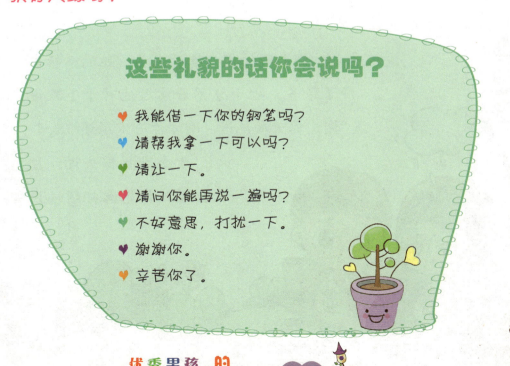

这些礼貌的话你会说吗?

- 我能借一下你的钢笔吗?
- 请帮我拿一下可以吗?
- 请让一下。
- 请问你能再说一遍吗?
- 不好意思,打扰一下。
- 谢谢你。
- 辛苦你了。

我会倾听吗？

放学回家的路上，于小默经过公园时，发现戴小萌一个人坐在花园的长椅上哭泣。

于小默赶紧走上前，担心地问："戴小萌，你怎么了？有什么我可以帮你的吗？"

在于小默的再三询问下，戴小萌一边哭，一边将伤心事告诉了他。

其实，戴小萌的伤心事根本不是什么大事，无非就是和好朋友闹矛盾了，被老师骂了，受了委屈这些鸡毛蒜皮的小事。可是，于小默并没有不耐烦，而是当起了戴小萌的"垃圾桶"，耐心地听她诉苦水。

没过多久，戴小萌的伤心事说完了，她的心情也平静了很多。她十分不好意思地对于小默说："谢谢你听我说话，刚才你一定很烦吧？"

于小默摇摇头说："怎么会呢？你愿意把烦恼说给

我听,说明你把我当朋友。我高兴还来不及呢!"

虽然于小默不会说太多安慰别人的话,但是他是一个善于倾听的人呢!

倾听小测试

1.和别人聊天时,更喜欢自己说个不停。(有/没有)

2.听到自己不喜欢的话题,就不想继续聊下去。(有/没有)

3.一边和别人聊天,一边玩手机。(有/没有)

4.常常答非所问。(有/没有)

5.不记得别人说了什么。(有/没有)

6.别人说话时,容易想到和话题无关的事情。(有/没有)

7.经常打断别人的谈话。(有/没有)

8.别人向你诉苦时,你却漫不经心。(有/没有)

测试结果:

"有"的答案超过(包括)5个:很遗憾,你的倾听能力还有待提高。要知道,认真倾听是对话的基础,没有人会喜欢不认真听自己说话的人。

"没有"的答案超过(包括)5个:恭喜你,你是一个善于倾听的人,大家都很喜欢和你聊天。如果你能更诚恳一些,会更受大家的欢迎。

嘘！小声一点儿！

午休时，于小默和杨旭一起来到图书馆的借阅室看书。

没想到，杨旭刚一走进借阅室，就大呼小叫起来："哇，于小默，你快来看，这段太好笑了，哈哈哈哈……哎哟，哎哟，笑死我了……"

杨旭的笑声在安静的借阅室里显得特别刺耳，正在看书的同学们都对他俩投来责怪的眼神。

一位管理员老师走到杨旭跟前，严肃地对他说："同学，图书馆是公共场所，要保持安静，禁止大声喧哗。"

杨旭一听，羞愧地低下头，赶紧拉着于小默离开了图书馆。

无论是在图书馆，还是在博物馆、餐厅等其他公共场所，都不能不顾旁人的感受，随意地大声喧哗、嬉笑打闹，这样不仅影响了身边的人，也让自己变成了他人眼中没有公德心的人。这样一来，我们也就和文明"小绅士"无缘啦！

我该怎么做才能成为文明小绅士呢?

- 图书馆"三不要":
  一是不要大声说话、唱歌。
  二是不要将手机的铃声打开。
  三是不要和朋友嬉笑打闹。

- 如果你在图书馆看到别人大声喧哗该怎么办呢?和对方辩论争吵吗?当然不是!你可以轻声地告诉对方,或者写字条提醒对方保持安静。

- 在图书馆看书时,应该把手机铃声调为静音或者振动模式。如果突然有人打电话进来该怎么办呢?

  1. 如果不是很重要的电话,就直接挂掉,然后发信息告诉对方,现在不方便接听。

  2. 如果是紧急电话,那就选择在人少的角落或洗手间接听,记得保持轻声细语。

声音太小了吗？

今天，上语文课时，朱老师说："在上课之前，我想请一位同学上讲台朗读一下课文。"

于小默最怕站在讲台上发言了。当着这么多同学的面，如果不小心说错话了，那多丢脸呀！于小默赶紧低下头，在心里默念："老师，千万不要叫我的名字，千万不要叫我的名字……"

可是，好的不灵坏的灵，朱老师的目光在教室里扫视一圈，最后停留在了于小默身上："于小默，你上台读一下课文。"

没办法，于小默只好磨磨蹭蹭地走上讲台，开始朗读起来。

不过，于小默朗读课文的声音比蚊子的"嗡嗡"声还小，连离他最近的朱老师都听不清。朱老师只好无奈地摇了摇头，又让其他同学重新读了一遍。

其实，别说在全班同学面前读课文了，就连平时和同学一起聊天时，于小默的声音也很小。同学们和于小默聊天时，说得最多的话就是"你能再说一遍吗？""你说什么，我没听清楚""你的声音好小呀"。久而久之，同学们都不怎么和于小默聊天了。于是，于小默说话的声音更小了。

于小默说话声音小，难道是因为他的嗓子音量小吗？当然不是！其实是因为他胆子太小，生怕自己说错，所以不敢大声说话。又因为这样，别人听不清他说的话，常常忽略他，他因此变得更胆小，说话的声音也越来越小……长此以往，就形成了一种恶性循环。

我也想说话大声一点,可是我做不到。

老师相信,只要你想做到,就一定可以。不过,除了有决心,还得掌握一些小妙招哟!

朱老师的小妙招

- 经常对着镜子练习大声说话,养成大声说话的习惯。
- 晨读课上,尽量大声且带有感情地朗读课文,形成大声阅读的习惯。
- 上课积极回答老师的提问,多尝试几次,胆子自然变大。
- 说话时,先思考,再开口,出错少了,就会越来越自信。
- 吐字清楚。大声说话并不是大吼大叫,每一个字都说清楚,每一句话都说明白才是关键。

话被吃掉了吗？

课间，于小默忽然对车迟说："车迟，你知道昨天学校发生了什么事吗？"

此话一出，立马勾起了车迟的好奇心："发生了什么事呀？"

于小默想了想，觉得这件事也没什么大不了的，便又摆手道："没什么，其实也没什么大事。"

可是，车迟是个急性子，于小默越不说，他就越好奇："于小默，到底是什么事呀？你别说一半就不说了啊！"

可是，无论车迟再怎么追问，于小默都说没事，这可把车迟气坏了。

于小默经常说话只说一半，特别吊人胃口。其实很多时候，我们也和于小默一样，说话说到一半时，发现没什么好说的了，或者没有必要说，就把另一半话吞进了肚子里，干脆不说了。也许对我们自己来说没什么，而听的人，只听到一半的话，就像鱼刺卡在喉咙里，特别难受，简直就是一种无形的"折磨"啊！

人不能只有头，没有脚，说话也一样，应该头脚齐全。只有这样，你说出来话，才能被人信服。如果老是说话说一半，事不过三，用不了多久，就再也没有人愿意听你说话了。

说话不能只说一半

- 说一件事之前，先思考3秒钟，想想这些话有没有必要说出来。
- 一不小心发现自己讲的事情太无聊，便收了口，如果对方一再追问，就告诉对方，满足他的好奇心吧！
- 答应别人不能说的秘密，嘴巴一定要严，即使说一半也不行哟！
- 不重要的事情三言两语就把它说完，不要一件事分几次来说。

别用命令的口气

今天是大扫除的日子,同学们有的拖地,有的擦窗户,有的洗抹布……但是,有一个人却什么事都不做,而是站在讲台上指挥。

"于小默,赶紧把拖把拿去洗了。"

"车迟,你看看你擦的玻璃,跟没擦一样。"

"杨旭,不要偷懒了,重新打一桶水来。"

说这些话的,不是哪一位老师,而是班长宋恩明同学。听到他的命令,大家

不仅没有认真地打扫卫生,反而更加懒散了。

自从宋恩明当了班长之后,就喜欢用命令的语气和同学说话,简直比老师还像老师。大家都对他很不满。渐渐地,大家都疏远了宋恩明,不愿意再接近他了。

宋恩明觉得委屈极了:"我是班长,命令大家做事是我的职责,我这么做都是为了我们班,大家为什么不理解我呢?"

要知道,同学之间是平等的,应该相互尊重,谁也不能命令谁,即使是班长也不行哟。如果总是用命令的语气说话,对大家指手画脚,只会让大家产生反感的情绪,被大家疏远。

如果宋恩明能主动地帮助大家,并且把命令的语气变得温和一点,效果会不会更好呢?

"于小默,麻烦你把拖把拿去洗一下,好吗?"

"车迟,玻璃还有点没擦干净,我帮你一起擦吧!"

"杨旭,这里还需要打一桶水,如果需要帮忙,尽管跟我说!"

怎么样,换了一种说话方式,听起来是不是让人感到很舒心呢?这样说话的班长,是不是也更让人信服呢?

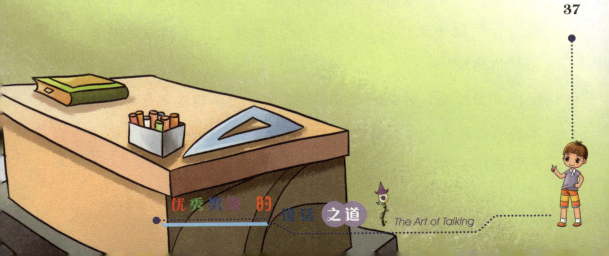

好尴尬呀,怎么办?

杨旭说话特别有意思,他说的话总能逗得大家哈哈大笑。所以大家都很喜欢和他说话。

课间的时候,大家围在一起聊天,讨论自己最崇拜的篮球明星。

车迟说:"我最崇拜姚明,在中国没人能比得上他。"

宋恩明说:"我觉得易建联更厉害,他的速度和弹跳力都比姚明好。"

车迟不屑地说:"姚明可是NBA第一中锋。"

宋恩明生气地站起来说:"那又怎么样,姚明已经退役了,而易建联会越来越厉害。"

"姚明厉害!"

"易建联厉害!"

两人谁也不让谁,眼看着就要吵起来了,突然,旁边的杨旭冒出一句不太标准的东北方言:"哎呀妈呀,俺说你俩闹啥哩?你们把俺放哪个旮旯去了呀,难道最厉害的篮球明星不是俺杨旭吗?"

"哈哈哈!你说的是哪国语言啊?"车迟忍不住捧腹大笑,宋恩明也跟着哈哈大笑起来。一瞬间,两人把刚刚吵架的事忘到九霄云外去了。

幽默的力量可真大啊！它不仅是展示自我的招牌，还是化解尴尬和矛盾最有效的武器呢！

化解尴尬的幽默三大招

♥ 学会自嘲。

♥ 学会将错就错。

♥ 幽默的反驳。

和新朋友交谈时

杨旭是一个"自来熟",无论和谁都能打成一片。不过,杨旭大大咧咧的性格,也给很多人带来了困扰。

前两天,杨旭在球场上认识了一位叫齐佑的球友。

两人打完两场球后,杨旭像平常和朋友打完球一样,搭着对方的肩膀说:"走,买饮料去!"

一路上,杨旭说个不停:"你球技还不错呀!不过你运球的技巧还要练练呀!你运球的时候好像很吃力哟!哈哈,我觉得你应该……"

被人当面指出了自己的不足,齐佑尴尬极了,勉强笑着说:"哈哈,是啦,我球技好像是不太好呢……"

杨旭丝毫不在意,反而自顾自地说:"没事,多练练就好。

下次咱们再打一场呗！"

齐佑艰难地挤出一丝笑容，心里却说："下次？希望没有下次！"

杨旭像对待老朋友一样，热情地和这位新朋友聊天，没想到却让对方又尴尬又郁闷，究竟问题出在哪儿呢？这是因为杨旭没能把握好和新朋友交谈时的分寸。刚认识的新朋友，因为接触时间太短，我们完全不了解对方的性格和喜恶，就口无遮拦随便说话，有可能会让对方感到不自在，或者一不小心触到对方的禁忌，造成不必要的误会。

 和新朋友交谈要注意什么呢？

- 别自己没完没了地说个不停。
- 保持适当的距离。不太熟的情况下太亲密会让人觉得很别扭。
- 保持微笑，有礼貌。
- 不要提到别人的缺点和不足，最好多说一点儿赞扬的话。

男孩说话要算数

宋恩明参加全市中小学生作文比赛拿了第一名,他的作文不仅登上了《中学生》月刊,还获得了一百元的稿费。同学们羡慕极了,纷纷前来祝贺。

宋恩明高兴极了,便随口说道:"谢谢大家。为了表示对大家的感谢,我周末请大家吃冰激凌。"

周末到了,大家都按照约定的时间来到冰激凌店,可唯独宋恩明迟迟没有出现。

车迟给宋恩明家里打了一个电话,宋恩明虽接了电话,却支支吾吾道:"我今天还有事,可能来不了了,下次再请你们吃冰激凌吧。"

宋恩明说话不算数,害得大家白等这么久。大家心想,以后再也不相信宋恩明的话了。

俗话说:"君子一言,驷马难追。"意思是,说出口的话,就是套上四匹马拉的车也难追上。一句话一旦说出口,就不能再收回,这才是君子的作为哟!所以,做人一定要说话算数,千万不能失信于人,否则,不仅会失去信服力,也会失去知心朋友。

守信的名人名言要牢记

★ 吾日三省吾身:为人谋而不忠乎,与朋友交而不信乎,传不习乎?——《论语》

★ 失足,你可以马上恢复站立;失信,你也许永难挽回。——[美]富兰克林

★ 守信用胜过有名气。——[美]罗斯福

★ 失信就是失败。——[法]左拉

不做"吹牛大王"

杨旭有个外号,叫"吹牛大王"。

为什么呢?因为杨旭说话太夸张。比如,他看到一只拳头大小的青蛙,非要说看到了和房子一样大的青蛙;还比如,明明吉他他只会一点皮毛,却说自己是吉他高手,没有曲子不会弹。最夸张的一次是假期的时候,他去了一趟森林公园,回来告诉大家说:"森林公园里有成千上万只猴子,有的还会说话呢！"大家惊得下巴都快掉了。

可是，后来，另外一个同学也去森林公园玩，回来后却说："森林公园里虽然有猴子，却只有几百只，而且根本不会说话。"

刚开始，大家还觉得杨旭说话特别有趣。可是时间久了，大家就有点厌烦了，心想：这个杨旭，也太爱吹牛了吧！

小小的夸张能够为谈话增添色彩，但是夸张过了头，就变成了吹牛。吹牛也算是撒谎哟！没有人会喜欢和爱撒谎的男生做朋友。

● 我要戒掉爱吹牛的坏习惯

1.说话要实事求是，不要为了夸大，刻意添油加醋。

2.不要胡编乱造，说一些没有发生过的事。

3.不要自吹自擂，吹嘘自己有多厉害。

4.没有真凭实据的事情，不要胡乱猜测、造谣、传播。

沉默的力量

于小默的数学成绩一直不太好，可是这次数学考试突然考了92分。

同学们都不太相信，背后嘀咕：

"于小默这次考这么好，不会是作弊了吧？"

"对呀，考试时，于小默前面坐着我们班成绩最好的同学。"

"我猜他就是运气好，下次考试可就没这么好的运气喽。"

当这些话传到于小默的耳朵里时，于小默很生气，也很委屈，但是他并没有为此辩解，而是选择了沉默。

杨旭替他着急："你为什么一句话也不说？你应该告诉大家，你是靠自己的努力才取得了好成绩！"

于小默笑着说："用行动和实力来证明自己，不是更好吗？"

于是，于小默每天上课认真学习，放学回到家后也会抽时间看书。他的努力，同学们都看在眼里。果然，第二次考试时，于小默再次取得了95分的高分。

这一次，再没有一个人说于小默作弊、靠运气了，大家都由衷地佩服他、赞赏他："于小默真牛！""于小默太棒了！""他是我的榜样，我要向他学习！"

面对大家的质疑，于小默没有选择辩解，而是用实际行动来证明自己，结果谣言不攻自破，他不费一字一句，便收获了所有人的认可和肯定。如此看来，很多时候沉默比辩解更有力量！

 什么时候该保持沉默？

- 被别人误解时，用行动证明自己，好过一味地辩解。
- 别人嚼是非时，保持沉默，不瞎掺和。
- 与别人发生口角或争执时，保持沉默是避免冲突的最好方式。
- 与其大声地吹嘘自己有多么厉害，不如保持沉默，默默地进步。

"说话是银，沉默是金。"该沉默的时候就要选择沉默，这才是一个人有风度、有修养的体现。

 当然，遇到以下这些情况，可不能保持沉默哟！

- 遇到不文明、不道德的行为时。
- 他人被误会、冤枉，而你知道事实真相时。
- 需要你表达意见和观点时。
- 对方一再咄咄逼人、恶言相向时。

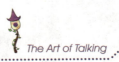

丰富的肢体语言

五年级二班来了一个黄头发、蓝眼睛的外国同学，名叫约翰。第一次这么近距离见到外国人，大家别提有多兴奋了，都想和约翰做朋友。

可是，约翰不太会说中文，而大家的英语也不太好，于是连简单的对话都成了问题。

车迟想了想，说："我有一个好办法。"

他微笑着走到约翰身边，首先和约翰握了一下手，接着张开双臂，对约翰比画了一个拥抱的手势，好像在说："约翰，我们大家欢迎你。"

约翰瞬间明白了车迟的意思，给了他一个大大的拥抱。

于是，大家纷纷学着车迟，用手势、眼神、肢体动作来表达自己的意思。很快，约翰就和大

家成为了好朋友。

丰富的肢体语言和用嘴说话一样重要。在别人成功时，向他伸出大拇指；朋友难过时，用手轻抚他的脊背；朋友参加比赛时，送上一个鼓励的眼神……有时候，用身体说话甚至比用嘴说话更能表达心中的情感哟！

让对话愉快的肢体语言

用眼睛说话。眼睛是心灵的窗户，聊天时，能从一个人的眼神中看出他的情绪。眼神停留在说话的人身上，会让对方有存在感。

用手说话。在讲到某件搞笑的事情时，加上夸张的手势，会让故事变得更有趣。特别是在台上演讲或发言时，经常会感到紧张，在说话时加上一些手势，能够缓解紧张情绪，增加自信，也会使演讲更富有画面感。

用身体说话。听别人说话时，如果嘴上说着"嗯嗯，你说得对"，但是眼睛却看着别的地方，手上在做着其他事，会让对方觉得你很不礼貌。如果聊天时，身体微微前倾，向说话的人靠近，并且积极地点头回应，会让对方觉得亲切。

第二章

深入人心，赢得大家喜爱的说话方法

记住别人的名字

周末,车迟去买学习用品,迎面走来一个和他差不多大的男孩。男孩高兴地向车迟打招呼:"嘿,车迟,好久不见,你还记得我吗?"

"当然记得啊……你不就是那个,那个谁吗……" 车迟觉得这个男孩很眼熟,可就是想不起他的名字。

气氛顿时变得有点儿尴尬了。

男孩笑着说:"我是汪洋啊!"

车迟立刻说:"哎呀,我想起来了,我们俩一起在少年宫打过篮球。"

男孩莫名其妙地看着车迟:"没有啊,我们只在美术班见过呀。"

车迟难堪极了。汪洋也像被浇了一盆冷水,热情瞬间被浇熄。他赶紧说:"车迟,我还有点儿事,就先走咯！"说完便匆匆离开了，留下车迟一个人懊恼不已。

人际交往中，记住别人的名字是对他最大的尊重。因此，当你能够叫出只见过一次面的人的名字时，对方肯定很开心，从而对你产生好感和信任，乐于与你交往。

如果你连对方的名字都叫不出，不仅会打消对方的热情，造成双方尴尬，下次再见到时，对方可能也不愿意跟你打招呼了，更别说和你做朋友了。

名人故事

1965年，美国前总统小布什在读书时，几乎对学校所有的组织和社会活动都有浓厚兴趣。他常常会在球场、教室、走廊等许多场合结交新朋友。

在学校召开新人选拔的会议上，小布什叫出了全教室54个人的名字，这令所有人都佩服得五体投地。据统计，在他当选美国总统的选票中，就有相当一部分是他在耶鲁大学和哈佛大学的校友，通过自身和社会关系所带来的。可见小布什把人际关系处理得多么完美。

有人曾笑称，如果你能叫得出大学校园里三分之一人的名字，那你也可以去竞选美国总统。

他的表情说明什么？

"这次考试的题目也太简单了吧，我考了99分，哈哈哈……"

随堂测试的试卷发下来了，杨旭正在和戴小萌聊天。可是，聊着聊着，戴小萌的脸色突然沉了下来。

杨旭却没注意，继续眉飞色舞地说："要是能再多一分，我就能拿满分，太可惜了……"

突然，戴小萌打断杨旭，大声说："有什么了不起的！"说完，戴小萌气呼呼地转到另外一边，不理杨旭了。

杨旭这才反应过来，这次考试戴小萌发挥失常，只考了59分。

虽然杨旭并没有嘲笑她，更没有向她炫耀的意思，但他的话确实让戴小萌的心情更不好了。如果杨旭能细心一点儿，察觉到戴小萌的不对劲，就不会让她生气了。

在和别人聊天的时候，要学会观察别人的神情和动作。他是不是有些生气了？他是不是有话要说？他是不是很紧张？其实这些都能通过一个人的眼神、动作、表情看出来。如果我们能及时察觉别人的情绪变化，就能成为真正的聊天高手。

察言观色识人心

- 初次见面，如果发现对方总是低着头，笑容不自然，双手不知道摆在哪里，说明他有点儿紧张、拘谨。此时我们应该找一些轻松、愉快的话题，帮助对方放松。

- 聊天时，如果发现对方的表情变得严肃，说明他可能有点儿不愉快。此时我们应该注意自己的说话方式，或者委婉地转移话题。

- 当发现对方微皱着眉头，欲言又止，说明他有话要说，却不知道如何开口。此时，我们不应该只顾着自己说个不停，而应引导对方说话。

- 当你说得正开心时，发现对方只是勉强地微笑点头，这说明他可能对你说的话题不太感兴趣，此时应该转移到共同感兴趣的话题上去。

好朋友之间怎么说话？

杨旭和于小默是特别要好的朋友，两人聊天时，经常开一些小玩笑。

这天，于小默闷闷不乐地趴在桌上。

杨旭走过来问："你怎么了？"

于小默长叹了一口气说："这次语文考试又考得不好，只考了65分。"

杨旭一听，大笑着说："哈哈，没什么好难过的。反正以你的智商，考这么多已经很不错了！"

于小默顿时涨红了脸，大声道："我智商怎么了？再怎么样也比你高，哼！"然后，他一把推开杨旭，离开了教室。

杨旭看着于小默气鼓鼓的背影，一脸纳闷："哎呀，生什么气呀，不就是开个玩笑嘛！"

对杨旭来说，也许这只是一个无心的玩笑，可是当时的于小默心情本来就很糟，哪里能判断出那是一句玩笑话呀，他的第一反应就是杨旭在嘲笑他。

也许有人会说："好朋友之间开开玩笑没关系，因为真正的朋友是不会介意的。"

确实，一些小玩笑无伤大雅，反而会给聊天增加乐趣，但是这并不代表朋友之间什么话都可以说。无论说什么话，都不能过度。因为一句无心的话，很可能会伤害了对方，也伤害了两人的友谊。

所以，即使是好朋友之间，也不能无所顾忌哟！

即使是好朋友，也不能说的话：

——拿朋友的缺陷或不足开玩笑。

——在朋友遇到困难或遭遇挫折时，说一些落井下石的话。

——对朋友有不满，在背后抱怨！

和女生怎么聊天？

朱老师重新调整了同学们的座位。这次，杨旭和戴小萌成了同桌。杨旭是一个"自来熟"，椅子还没坐热，就和戴小萌聊起天来。

"嘿，新同桌，你好呀！"

"你好，杨同学。"戴小萌礼貌地微微笑。

"新同桌，昨天热刺对桑德兰的比赛，你看了吗？简直太精彩了。不愧是我最喜欢的热刺呀……"

杨旭说得兴致勃勃。不过，戴小萌却只是偶尔点点头，或说一句简单的"嗯""这样啊"，看上去一点儿兴趣也没有。

说到最后，杨旭问："你比较喜欢哪一支球队呢？"

戴小萌莫名其妙地问了一句："他们是篮球队还是足球队呀？"

杨旭顿时像打了霜的茄子，蔫得一句话也说不出来了。

哎，其实，男生和女生聊天的内容不一样。比如，男生喜欢聊游戏、足球、篮球等，而女生喜欢聊服饰、影视明星、八卦新闻等。所以，杨旭的足球话题，戴小萌根本一点儿兴趣都没有啦！

那么，我们该怎样和女生聊天呢？

1. **找共同话题。**比如聊都知道的人或事，相信很快就能进入良好的聊天状态。

2. **聊学习上遇到的趣事或困难。**每个人都在学习时会遇到各种各样的事情，相信这些事能让你们聊得更开心。

3. 当然啦，男生之间聊天可能会更放得开，比如勾肩搭背呀，比如大声说话呀。和女生聊天时可千万不能这样呀！

保持适当的距离，多一点儿礼貌，说话别粗声粗气，这样的聊天会更愉快哟！

 # 你会说"对不起"吗?

大扫除的时候,宋恩明负责拖地,一不小心把脏水弄到了戴小萌的白鞋子上了。

戴小萌大叫:"宋恩明,你怎么拖地的呀,把我的新鞋都弄脏了!"

宋恩明耸耸肩,无所谓地说:"对不起啊,我错了。但是这件事你也有不对的地方,你明明看到我在拖地,应该让一下我。"

戴小萌一听,差点儿被宋恩明气死。明明是宋恩明把自己的鞋子弄脏了,自己还没让他洗,为什么现在反而被宋恩明倒打一耙,变成自己的错了呢?

宋恩明最不会说的就是"对不起""抱歉"这些话。即使他明知道自己做错了,也不愿意跟对方道歉。因为他认为道歉是一件会伤自尊心的事情，作为一个男子汉，向女孩子道歉多没面子啊！

很多人和宋恩明一样，觉得道歉是一件很难为情的事情。可是，不敢承认自己的错误，不仅不是男子汉的表现，反而会使自己成为别人眼中不敢承担责任的胆小鬼。只有诚恳地向别人道歉，得到别人的原谅，才能赢得别人的尊重，才能成为一个光明磊落的男子汉。

 正确的道歉方法你知道吗？

第一步，道歉需要真心和诚恳。如果你并没有真正认识到自己的错误，而只是敷衍地说一句"对不起"，就很难得到别人的谅解。

第二步，错了就是错了，真正的男子汉要敢于承担责任，不要为自己找各种各样的借口，或者把责任推到别人身上。

第三步，考虑你的错误会给别人带来什么样的后果，及时地做出补救。

安慰别人有方法

今天，五年级二班在和隔壁班的篮球比赛中败北了。

作为队长的车迟垂头丧气地走进教室，心里失落极了。他自责道："都怪我，最关键的一个球我没有投进去。"

于小默安慰他说："没关系，这不是你的错。不就是一个球没投进吗，多大点事呀！"

没想到，听了于小默的安慰，车迟的心情变得更糟糕了："怎么会没关系呢？这次的球赛关系着我们班的名誉，怎么不算大事呢？如果不是我没投进球，我们班也不会输……"

于小默有些尴尬，一时不知道说什么好，明明想安慰别人，没想到却帮了倒忙。

有时候，即使是真心的安慰，没找对安慰的方法的话，不仅起不到安慰的作用，甚至还有可能造成第二次伤害。看来，安慰别人也要讲技巧啊！

你知道怎么安慰别人吗？

- 朋友难过的时候，先安静地陪在他身边，等他情绪平定后再说安慰的话吧。
- 不要刻意地去想安慰的话。站在对方的角度，发自内心地为对方着想，朋友一定能感受到。
- 如果实在不知道说什么安慰的话语，就轻轻拍拍他的肩膀吧！
- 多讲一些积极乐观的话，少说一些丧气悲观的话。

别气馁，下次我们大家一起努力，一定能赢回来的。

嗯！你说得对，下次我们一定会赢。

停下无聊的话吧!

"昨天放学后……你们知道的吧,我家离学校不远,我每次回家可以坐公交车,也可以走路,可是我昨天实在不想走路,于是决定坐车。但是我等了二十几分钟,公交车还没来,所以最终我还是走路回家了。没想到我刚走了几步,公交车就来了……"

于小默的话说到这儿,朋友们都觉得有些无聊,搞不清于小默到底要说什么。

"我又想搭公交车了,可是我还没回到公交车站,公交车就开走了……"

朋友们都开始打哈欠了,然后纷纷以有事或上厕所为由溜之大吉,留于小默一人在那儿,一脸茫然。

为什么大家都不想听于小默说话呢?因为他的话又长又没有重点,听的人不知道他到底在说什么,当然不想继续听下去啦。

想要别人认真听自己说话,想要和"无聊大王"说再见,就赶快抛弃那些无聊的话,做一个说话干脆利落、活泼有趣的男孩吧!

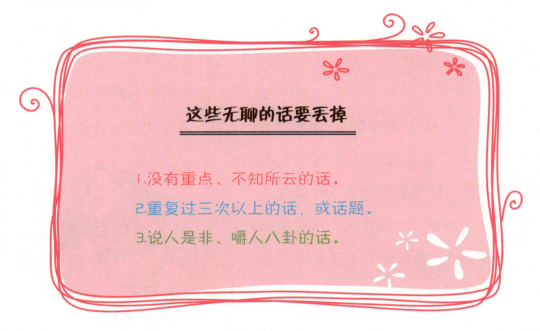

这些无聊的话要丢掉

1. 没有重点、不知所云的话。
2. 重复过三次以上的话,或话题。
3. 说人是非、嚼人八卦的话。

说积极的话

英语考试的成绩出来了,于小默拿着试卷,忍不住抱怨:"天哪,我这次考得太差了,居然错了四道题。"

而车迟拿到试卷,第一反应是:"太好了,只错了五道题,争取下次更细心一点儿,把错误率减到最低!"

于小默奇怪地问:"车迟,为什么你考差了也这么开心呢?"

车迟笑着说:"考试的成绩已经出来了,就算我抱怨再多也改变不了什么,还不如积极一点儿,乐观地面对自己的失败,争取下次考得更好。"

于小默若有所思地点点头。

生活中,我们也不乏遇到各种各样的挫折和挑战,如果一味地抱怨,说消极的话,只会阻碍前进的道路,让失败成为自己的负担。

如果学会积极乐观地面对失败和挫折,从中吸取经验和教训,不断地鼓励自己和身边的人,相信用不了多久,你也会成为一个不怕困难、勇往直前、更加优秀、更受欢迎的人。要知道,比起那些只会抱怨的人,朋友们总是更喜欢乐观和充满正能量的人。

别总说丧气话，多说一些积极的话，相信不仅会为你带来好人缘，也会让你变得更自信哟！

♥ 遇到困难或失败，要常说"没什么大不了的，我一定可以跨过去"。

♥ 朋友有烦恼时，告诉他"别担心，我们陪你一起度过"。

♥ 新的一天开始时，告诉自己"今天也要继续加油哟！"。

这些积极的话你会说吗？

♥ "相信一切都会好起来的。"

♥ "加油！"

♥ "我能行！"

♥ "你一定可以的！"

♥ "开心点，没什么大不了的！"

♥ "相信自己。"

♥ "保证下一次一定成功！"

♥ "嘿，笑一笑吧！"

你也来说说吧！

下课后，杨旭和于小默正在聊天，两人聊到了世界杯，杨旭顿时来了兴趣。

"我上次还和老爸一起熬夜看球赛直播呢。我最喜欢的球队是巴西队，罗纳尔多、卡卡……他们都是超级厉害的足球明星……而且，你知道吗，我……"

杨旭说得眉飞色舞，完全忽略了一旁的于小默。

于小默张了张嘴，几次想告诉杨旭自己最喜欢的球队，可是，杨旭只顾着一个人说，他根本插不上话。

于小默垂下眼帘，一点儿聊天的兴趣都没有了。

聊天时，如果总是一个人说，另一个人完全没法开口，这根本不是聊天，而是一场有人欢乐、有人煎熬的个人秀。如果在聊天中，你总是让人家听你的个人脱口秀，完全不给对方开口和表现的机会，那么下一次他肯定会退票离场哟！

真正的聊天，不是一个人的表演，而是一来一往，你一句我一句，和谐地互动。所以，当你在侃侃而谈时，也给别人一个表现的机会吧！

这些话你会说吗?

"你也来说说看吧!"
"你对这件事有什么看法吗?"
"你觉得呢?"
"你有什么好的提议吗?"

生气时怎么说话？

"走开！"

"我不想和你说话！"

"你真讨厌！"

"你烦不烦！"

"这都怪你！"

每当宋恩明生气时，这些伤人的话就会不由自主地脱口而出。当他气消了之后，后悔也来不及了。

我们在很生气的状态下，常常会口不择言，因此说出一些伤害别人的话，让人产生误解，甚至对别人造成伤害。也许，这样的话能让你一时发泄不好的情绪，可是，请换位思考一下，如果有人对你说出难听的话，你有什么样的感受呢？是不是既伤心又气愤呢？

也许有人要说：那以后生气时干脆不说话了。但是，如果总是把怒火憋在心里，会使自己更压抑。

那么，我们生气时应该怎么说话呢？

◆ 首先，深呼吸稳定情绪。想一想这件事值不值得自己生气。生气时最容易失去理智，什么话都说得出口。

◆ 即使生气了，说话时也不要刻意地强调自己很生气，更不能说粗话、脏话，或侮辱他人的话。

◆ 不要大喊大叫。说话声音越大，糟糕的心情越难平复，火气自然更难消除。

◆ 实在太生气的情况下，给自己10分钟的时间平复心情。在这10分钟内，尽量什么话都不要说。

停止唠叨和抱怨

最近,于小默特别爱唠叨和抱怨,只要遇到一点儿不顺心的事,他就会唠唠叨叨抱怨个不停。而且,他还经常将这些抱怨的话说给一旁的车迟听,搅得车迟也不得安宁……

你也像于小默一样,经常抱怨吗?抱怨作业太多、老师太严厉、学习太累……无论在生活中,还是学习上,似乎每一件事都不能让自己满意。你经常唠叨吗?因为一个小烦恼就唠叨个不停,心情也因此变得很糟糕……

你知道吗？如果养成了抱怨和唠叨的坏习惯，长此以往，危害可大着呢！

1. 无论发生什么事，不从自己身上找原因。
2. 心态很消极，总是往坏的方面想。
3. 渐渐地对学习失去兴趣。
4. 遇到挫折，很容易一蹶不振。
5. 动不动就发火，脾气变得很差。

如果上述的情况都在你身上发生过，那你一定要立刻停止唠叨与抱怨！

如何让自己停止抱怨

★ **多做。** 把精力放在做事情上，就没有多余的工夫唠叨啦！

★ **多思。** 多多思考解决问题的办法，明白一味抱怨根本解决不了任何问题，只是徒增烦恼。

★ **多动。** 心情不好时，多出去走走、看看，多参加一些有益身心的集体活动，放松心情，赶走坏情绪。

★ **多观察。** 多多观察和发现周围美好的人和事，用这些正面能量感染自己。

★ **多笑。** 经常微笑，保持一颗开朗、乐观的心。

不会被拒绝的话

　　学校要举行"两人三足"的活动,规定要一个男同学带一个女同学参加,前10名的组合还可以免费参加今年的夏令营活动。

　　这真是个激动人心的消息啊!杨旭和车迟都非常想参加。

　　可是,应该跟哪位女同学一起参加呢?杨旭左看看右看看,看来看去还是觉得跟戴小萌一起参加比较好。

　　这时,车迟也在后面发出邀请:"萌萌,能麻烦你做我的女伴吗?"戴小萌非常高兴,爽快地答应了。

　　一旁的杨旭摸着脑袋,懊恼不已。

　　为什么戴小萌愿意跟车迟一起参加活动,却不愿意跟杨旭搭档呢？原因在于杨旭和车迟态度上的不同。

杨旭在请别人帮忙时，总是一副理直气壮、下达命令的样子，说话也老是直来直去、粗声粗气。这样跟人说话的人，你愿意帮他吗？

而车迟呢，态度彬彬有礼，说话和风细雨。这样的同学请你帮忙，怕是想拒绝也难吧！

要知道，请求别人帮忙，也是有方法和诀窍的呢！

 请求不被拒绝的好方法

· 郑重其事地请求。

无论是关系多么亲密的朋友，请对方帮忙时，最好加一个"请"字，或说一句"麻烦你了"。

· 不要提过分的请求。

"请你帮我做一下作业。"像这种无理的要求，无论是谁都不会接受吧。

· 平时多帮助别人。

平时不肯帮助别人，只想接受别人的帮助。这样的人，无论提什么请求，都不会有人答应。如果不想自己的请求遭到拒绝，就先多帮助别人吧！

· 真正需要帮忙的事才去请求别人。

连很小的事情自己都不愿意去做，这个也要别人帮忙，那个也要别人帮忙，朋友自然不会伸出援手。

如何指出别人的失误？

杨旭和于小默聊天。杨旭正说得起劲，突然，于小默指着他的嘴说："你的牙齿上有一小片菜叶。"杨旭又尴尬又恼怒，脸唰地一下红了。

车迟正在跟于小默说一件有趣的事。于小默突然打断他："这件事你已经说了一百遍了，我的耳朵都起茧子了。"车迟讪讪一笑，不再说话了。

戴小萌踮着脚擦黑板，于小默突然大声说："戴小萌，你的裙子掀起来了！"戴小萌赶紧捂着裙子，在大家诧异的目光中，红着脸跑了出去。

每当看到朋友们的失误时，无论是什么场合，于小默都会直接说出来。虽然于小默的出发点是好的，但事实上，朋友们对小默这种"做好事"的行为感到很恼火。因为于小默没有顾及他们的感受,让人感到非常难堪。

指出别人的失误,不是在帮他吗?难道这也有错?其实,于小默的出发点是好的,只是用错了方式而已。那么,当我们遇到这样的情况时,究竟应该怎样做才是对的呢?

委婉指出对方的失误

- 发现朋友的牙齿上有菜叶,可以用手帮他挡一下,轻声提醒他"去照一下镜子"。
- 如果有人重复说着自己说过的话,可以先听对方讲完,然后委婉地问一句:"你上次是不是有提到过?不过,也可能是我记错了啦!"
- 发现女生的裙子被掀了起来,或者衣服上沾到脏东西,可以请别的女生转达,毕竟,这种尴尬的事还是由女生来说比较好。

坦诚的忠告

  体育课上，杨旭和车迟一起打篮球。可是，车迟传球给杨旭时，杨旭正在东张西望，一点儿也不专注，所以球被对手抢走了。

  车迟想提醒杨旭认真一点儿，但是，车迟担心指责杨旭会伤害两个人的感情。

  可是，紧接着杨旭又丢了几个球。

  中场休息的时候，车迟忍不住把杨旭叫到一边，对他说："杨旭，作为朋友，我想对你提个建议，你传球时能不能认真

一点。你已经被对手抢了三次球了。再这样下去……"

杨旭沉默不语。

在接下来的比赛中,杨旭认真了很多。

最终,比赛以车迟这一队险胜结束。

下课后,杨旭主动找到车迟,一脸庆幸地说:"车迟,要不是你及时提醒我,我们差点儿输掉比赛呢。"

友谊小贴士

男生之间建立友谊,相比虚情假意的迎合,<u>坦诚的忠告更容易收获真心</u>。有话直说,有话好好说。友谊的维持需要坦诚的沟通和真心的交流。

朋友做错了事,或者产生了矛盾,一定要坦诚地说出来。忍耐和<u>逃避</u>不仅不能解决问题,还有可能使朋友之间产生隔阂和阴影,使矛盾越积越多,造成更多的误会。

我说东，你说西

周末，于小默和杨旭到车迟家玩，电视里正在播放《动物世界》。

于小默说："现在森林越来越少，沙漠却越来越多了。"

车迟说："是呀，人类对环境的破坏越来越严重，许多动物都失去了家园，濒临灭绝。据说每年都会有不少动物因为环境被破坏而死去，太可怜了……"

两个人正聊着严肃的话题，杨旭突然冒出一句："你们快看，那头大象的鼻子好长啊，像不像猴子的尾巴？……"

原本好好的聊天氛围，一下子就被杨旭无厘头的一句话给打乱了，于小默和车迟一时都不知该如何接话才好。

如果像杨旭一样，不在意聊天的主题，老是自说自话，不仅很难融入到别人聊天当中去，还有可能会被忽视和排斥。

掌握对话的主题，保证自己随时能跟上聊天的进度，而不是想到什么就说什么，这样才能获得真正的话语权。

● **准确掌握对话主题的黄金15分钟**

- 认真倾听5分钟。刚开始聊天时，先别急着说，认真、专注地倾听其他人的对话内容。
- 和对方互动5分钟。这一环节可以向对方提问，或听取对方的看法。
- 给自己的5分钟。发表和话题相关的独特看法和意见。

什么都懂一点儿

"这本书我也看过,非常好看,讲的是……"

"你说的这件事,是前段时间的新闻呢……"

"太好了,我也喜欢听这首歌,里面有句歌词特别好笑……"

"你说的这种动物叫羊驼……"

无论别人聊什么,杨旭好像都知道一点儿,并且能说得非常有趣。

大家觉得和杨旭聊天时特别轻松自在,因为无论什么话题他都能畅所欲言,根本不用担心没话说。在大家眼中,杨旭就像个无所不知的"小博士"。

其实，杨旭并没有大家想象中的那么厉害。他只是比较喜欢看新闻、看报纸，而且他不仅喜欢了解最近热门的东西，还对一些冷门的知识很感兴趣呢。

渐渐地，他知道了许多有趣的事情，这些知识总是能在聊天时派上用场。

成为"小博士"的妙招

1. 平日多看书，从书本中获取知识。

2. 没事多看时事、报纸，了解最近的新闻。

3. 生活中学会观察和发现，积极地探索并解决问题。

4. 经常跟家人一起去旅行，能够开阔视野，增长见识。

5. 多听别人说话，从中获取有用的信息。

别再不懂装懂了

　　自从大家给杨旭取了"小博士"这个外号以后，杨旭就有点儿飘飘然了，觉得自己好像真的成了无所不知的博士。

　　渐渐地，杨旭总喜欢在聊天时说个不停，不给别人留一点儿说话的空间。就算是聊到了他不知道的事情，他也会装作很懂的样子说给别人听。

　　这天，大家都在聊楚霸王项羽的故事，讲到鸿门宴时，杨旭突然跳出来，骄傲地说："这个历史故事我最熟悉了。讲的是项羽设鸿门宴，表面上是招待刘备，实际上是想刺杀他！"

　　顿时，所有人都哈哈大笑起来。杨旭有点儿摸不着头脑："难道我说错了吗？"

宋恩明边笑边说:"参加鸿门宴的是汉高祖刘邦。你说的刘备是三国时期的人物,哈哈哈。"

没想到,想出风头却闹了大笑话,杨旭当时羞愧极了,真想找个地洞钻进去。他以后再也不敢不懂装懂了。

注意事项

- 千万不要不懂装懂,否则只会闹笑话,或让对方反感。
- 遇到自己不懂的事,积极求教绝对没错。
- 什么都懂一点儿并不值得炫耀,没必要表现出自己什么都懂的样子。
- 嘴上说得很厉害,行动力却很差,只会让你的"小博士"名号大打折扣。

上课别乱说话

期中考试后,老师重新编排了座位,于小默和杨旭的双胞胎弟弟杨阳成了同桌。可是,自从换了同桌,于小默有一些小烦恼,因为杨阳总喜欢在上课时偷偷找他聊天。

这天,上语文课时,朱老师正在认真讲课,杨阳又开始讲小话:"于小默,你知道我们学校打篮球最厉害的是谁吗?"

于小默紧盯着黑板,不想搭话,杨阳就用手肘推了推于小默:"喂,你听到了没有?"

于小默回过头,用手指了指朱老师,又比画了一个安静的动作,示意杨阳不要说话。可是,杨阳根本没在意,继续说道:"我就知道你不知道,告诉你吧,他就是六年级……"

于小默实在没办法,只好打断杨阳,小声提醒道:"别说了,要是被朱老师看到,我们俩就惨了……"

这时,朱老师突然转过头,以为于小默在

讲小话，生气地说："于小默，上课不认真听讲，给我站起来！"

于小默有苦说不出，只好乖乖地站起来。看着被冤枉的于小默，杨阳惭愧地低下了头。

上课讲小话，不仅自己没法好好学习，还有可能影响和连累想学习的同学，这样的习惯真是有百害而无一利，还是尽早改掉的好。

上课时要注意的事

- 不要在上课时说小话。
- 老师提问时，不要故意在台下起哄、吵闹。
- 如果要发言，要先举手经过老师的同意后再说。
- 讨论时，不要说一些与课堂无关的话题。
- 如果同桌在说话，可以写字条提醒对方。

语言禁区

　　于小默有一个表哥,比他大一岁。每次去舅舅家拜年,于小默都能见到这位表哥。不过,于小默可不太喜欢跟表哥聊天。因为表哥经常拿于小默出糗的事情笑话他。有一次,表哥笑话于小默长得矮,像个矮冬瓜,气得于小默直跺脚。

　　从此以后,每次遇到表哥,于小默都会躲得远远的。

在与人交流时,我们不能想说什么就说什么,除了要分清说话的场合,还要注意什么话能说,什么话不能说。在你看来只是玩笑的话,对他人来说有可能是可怕的伤害。特别是在和身边的人说话时,如果总是口无遮拦,踩到对方的"雷区",就会引来对方的不满和厌烦,搞不好连朋友也做不成了。

什么话不能说?

- 不要说脏话。动不动就说脏话的人,一定非常没素质。
- 幽默不等于讽刺、挖苦。别把自己的快乐建立在别人的难堪之上。
- 不要动不动就拿别人的缺陷当笑话,更不能在别人的伤口上撒盐!
- 不要在背后说别人坏话。
- 答应帮别人保密的事情,绝对不能说出去。

说话表里如一

说出来的话和心里所想的完全不一样；当着别人说好话，背着别人说坏话；明明说好的事，却根本做不到；嘴上制订了很多计划，却总是不去实施……如果身边有这样的人，那一定会很讨厌吧。

说话时最重要的法则之一，就是表里如一，言行一致。如果总是说一套，做一套，刚开始可能别人不会发现，可是时间一长，就会露出破绽。

说话一定要与行动一致。一旦养成说话表里不一的习惯后，就很难改掉。

言必信，行必果。——《论语》

静坐当思己过，闲谈莫论人非。——《醒世歌》

人而无信，不知其可也。——《论语》

说话的法则：对自己说过的话负责！

恰到好处的赞美

"哇，你今天的发型真酷，很适合你啊！"

"你篮球打得真好，什么时候教教我吧？"

"你今天的演讲真棒，比得上专业的演说家啦！"

"嘿，你的自行车真漂亮。"

……

无论是谁听到这样的赞美都会心花怒放吧！听到别人赞美自己的瞬间，是不是整个人都要飞起来了呢？哈哈，要知道，赞美可是世界上最让人愉快的语言之一，没有人听到赞美后心情会变得糟糕。

不过，当我们受到别人赞美的时候，也应该学会去赞美别人。

当然啦，如果赞美过头了，也会让人觉得不自在。所以，赞美也有一些注意事项哟！

赞美的法则

发自内心的赞美才能传达欢喜与感动。

赞美的话不要总是一遍又一遍地重复。

为了使自己获得好处而巴结别人的话不等于赞美。

适度赞美,夸大其词会让人觉得不自在。

赞美要"言之有物",不要"言过其实"。

"赞美"名言读一读

称赞不但对人的感情,而且对人的理智也起着很大的作用。

——[俄]列夫·托尔斯泰

不要光赞美高耸的东西,平原和丘陵也一样不朽。

——[英]菲·贝利

赞扬像黄金钻石,只因稀少而有价值。

——[英]塞缪尔·约翰逊

只凭一句赞美的话我就可以充实地活上两个月。

——[美]马克·吐温

别再说谎了

你的作业呢？忘带了。实际上是根本没做。

为什么请假？生病了。实际上是不想来上学。

试卷哪儿去了？丢了。实际上是没考好，不敢拿出来。

为了逃避责骂和批评，或者维护自己的"自尊心"，我们总是会忍不住撒一些小谎。也许有些人要说："不就是撒个小谎吗,没什么大不了的。"

可是,一旦养成了说谎的习惯,就很难改掉这个毛病了。因为当你说了一个谎言,就必定需要更多的谎言来掩盖。一个谎言接着一个谎言,时间久了,一定会露出破绽,导致信任的缺失。而且,说谎还会让人变得没有责任心,产生逃避和虚荣心理。

尝试着去解决问题,并勇于承担后果,你会发现,这比撒谎要轻松多了。

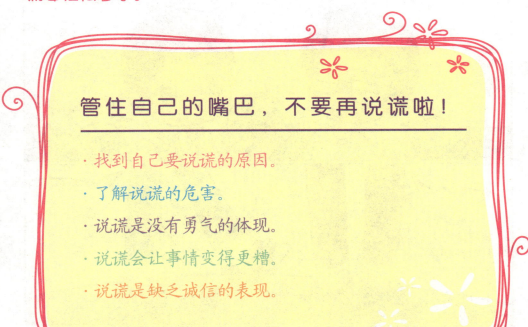

管住自己的嘴巴,不要再说谎啦!

· 找到自己要说谎的原因。

· 了解说谎的危害。

· 说谎是没有勇气的体现。

· 说谎会让事情变得更糟。

· 说谎是缺乏诚信的表现。

藏起充满优越感的话

有一天，宋恩明经过厕所时，无意间听到有人在议论自己。

"他和我聊天时的语气，真让人讨厌。"

"凭着成绩好，就以为自己高人一等。"

"啊，对了，他还总爱炫耀。"

听到这样的话，宋恩明顿时面红耳赤。从什么时候开始，大家对自己的印象变得这么糟糕了呢？

宋恩明家境好，成绩优秀，难免会有点儿骄傲。所以，他在和别人聊天时，总是不由自主地带上了一点儿优越感。时间久了，大家都忍不住在背后嘀咕："你说宋恩明啊，他真是一个傲慢又无礼的人。"

优越感，会让你感到"高人一等"，满足你的虚荣心，但是，也会让别人对你"敬而远之"。如果你不想逐渐失去朋友，就藏起那些充满优越感的话语吧。

● 如何消除优越感呢？

1. 当别人虚心向你请教时，语气耐心一点儿，谦虚一点儿。
2. 和朋友聊天时，别把家境优越、名牌服饰等当成炫耀的资本。
3. 不要因为成绩优异，而瞧不起成绩不好的同学。
4. 向比你更优秀的人看齐，向他们学习。

不做慢半拍先生

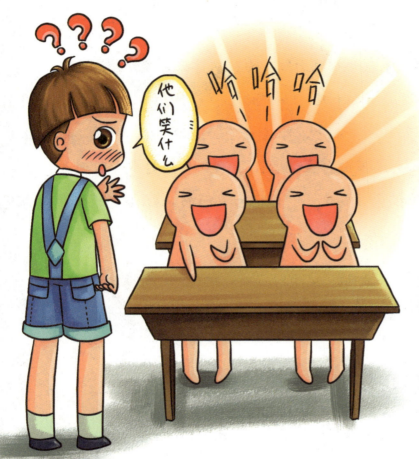

于小默是大家眼中的慢半拍先生，每次聊天时，大家已经开始聊新的话题了，于小默还在傻乎乎地说着上一个话题。

于小默不仅说话慢半拍，有时候反应也慢半拍。

今天上班会课的时候，"笑话大王"杨旭讲了一个笑话："老师让同学们用'果然'造句，其中有一个同学是这样造句的：我先吃水果，然后吃冰激凌……"

同学们愣了几秒钟，都哈哈大笑起来。

只有于小默还没反应过来，不解地问："到底有什么好笑的啊？"

戴小萌向他解释:"哎呀,你怎么这么笨呀,'果然'本来是一个词语,但是这个同学造句时却把它给拆开了。"

于小默这才反应过来:"哦,原来是这样啊!"

为此,于小默感到很自卑,为什么自己总是跟不上别人的节奏呢?难道真的是自己太笨了吗?

"慢半拍"并不等于"笨",只是反应速度慢了一点儿而已,所以不要为了"慢半拍"而感到苦恼。只要在聊天时专注、认真一点儿,你就能成为一个反应灵活的人。

让你的脑子灵活起来的好办法

- 勤于思考。喜欢思考、善于思考的人,大脑总是特别活跃。
- 不要总是觉得解决了问题就好了,要善于挖掘新问题,寻找新思路,凡事多问为什么。
- 集中注意力。认真、专注的人,大脑能及时跟上别人说话的进度,关键时刻才能迅速反应。
- 养成良好的生活、学习习惯,别让你的大脑太累了。

与父母对话

于小默总是跟妈妈闹矛盾。于小默觉得妈妈太唠叨了，无论自己做什么事妈妈都要干涉。有时候，于小默会忍不住朝妈妈大喊："哎呀，你真的烦死了！"

可是，于小默真的讨厌妈妈吗？其实，于小默很爱自己的爸妈，但是他和爸妈之间总是会产生很多矛盾！每次和爸妈说话时，说着说着，就吵起来了。这究竟是为什么呢？

最大的原因还是缺乏沟通。爸妈不知道我们心里在想什么，我们也从来不向爸妈敞开心扉，时间久了，自然会产生矛盾。

跟爸妈好好地聊聊天吧！把心里话都说出来，让父母更加了解自己，也让自己更能体会父母的用心！

每天一次的聊天

每天吃完晚饭，和父母一起出门散步，或坐在一起说说话。聊一聊你在学校发生的趣事，问一问父母工作上的烦恼，这会让你和父母变得亲密无间。

这些话会在父母心中留下伤痕：

"哎呀，妈妈，你什么都不懂，就在这里瞎说。"

"不关你的事！"

"你真的烦死了。"

即使父母是成年人，听到这样的话，他们也会很伤心。

不知道该怎么开口的话：

写一封信告诉爸妈吧，相信他们一定会理解你的。

不知道你在说什么

早上，于小默在上学的路上遇到一只巨型犬，许多行人看到它都害怕得绕开了。这时，突然从下水道的缝隙里钻出来一只老鼠，把这只超级大的巨型犬吓得"汪汪"大叫……

于小默被这场景逗得快笑翻了。来到教室，于小默想把这件有趣的事情告诉车迟，他对车迟说："告诉你一件特别有趣的事，我今天遇到一条大狗，真的很大，比那什么还大……然后这条狗……哎，我不知道该怎么形容，反正就是很搞笑……"

车迟莫名其妙地看了他一眼，说道："于小默，我完全不知道你在说什么。"

于小默也很无奈，明明是一件很有趣的事情，从自己嘴里说出来就完全变了味。为什么自己总是表达不清楚呢？

当我们急于表达一件事情的时候，会发现越急着说，就越说不清楚，只能在心里干着急。难道真的是表达能力有问题吗？

其实，表达不清楚有很多方面的原因，可能是受急切、紧张的情绪影响，也可能是对语言的掌控能力不足。这些问题并不是没办法解决，只要方法得当，努力练习表达技巧，就会得到改善的。

学会表达的好方法

- 先梳理自己的思路，组织好语言后再说话。
- 说话时不要给自己压力，告诉自己：不要着急，慢慢说，紧要事件更需要冷静。
- 如果要说清楚一件事，可以按照事情发生的时间、地点、经过、高潮和结尾来叙述。
- 多看书，多听演讲或脱口秀之类的节目，培养自己的语感，从中汲取有用的信息。
- 一个人的时候可以对着镜子练习讲故事，增强自己的语言表达能力。

当有人反驳你时……

  课间，宋恩明正在高谈阔论，发表自己的观点时，忽然有人说了一句："我不这么认为。"

  听到这句话，宋恩明顿时面红耳赤，差点儿跳起来。他生气地说："不对，我的观点才是正确的！"

  和于小默的没主见相比，宋恩明是太固执了，总是坚持自己的观点，即使他的观点是错误的，也要和别人争个不休。尤其是有人反驳他时，宋恩明的反应简直比火山爆发还可怕。

  如果反驳他的人是自己的朋友，宋恩明就会生气地说："你明明是我的朋友，应该支持我，而不是反驳我！"

听到别人的反对意见时，很多人的第一反应就是为自己辩解，完全听不进别人的意见。坚持自己的看法固然没错，但如果总是像宋恩明一样不讲理，以后还有谁愿意和他一起讨论呢？

如何正确处理反对意见？

- **先别急着反驳。**认真听对方把话说完，想一想对方为什么会反对，是不是因为自己的观点有漏洞。

- **讲道理不等于强词夺理。**如果自己的观点是正确的，就要用道理说服对方；如果自己的观点是错误的，不要为了面子强词夺理，而是应该理性地接受。

- **认真思考别人的意见。**如果双方都坚持自己的想法，应该认真思考对方的意见，通过提问等方法，有条理地分析，统一意见。

第三章

语言磁场,掌握话语主动权

委婉地说"不"

"于小默，帮我把垃圾倒一下。"

"于小默，把你的作业借我抄一下。"

"于小默，帮我搬一下东西吧。"

朋友们有什么事都会找于小默帮忙，于小默从来没有拒绝过。有时候朋友们的要求很无理，或者于小默自己忙不过来时，他也会觉得心烦不想帮。但是，于小默不懂如何拒绝别人。他害怕拒绝别人之后，别人会讨厌他，觉得他很小气。

所以，每次于小默都会说："好呀，请放心，让我来吧！"于小默都快成大家的"小保姆"了。

要掌握话语的主动权，首先就要学会说"不"。该拒绝时，就要学会拒绝。如果能帮的、不能帮的都一味地答应别人，不仅把自己搞得很累，也会让旁人觉得你是一个没有原则的"老好人"哟！

可是，如果简单、直接地拒绝，又会影响自己和朋友之间的友谊，这可如何是好？有没有既能拒绝，又不会让人生气的好办法呢？

婉拒别人的好办法

- 不要当众拒绝。当着别人的面直接说"不"，会伤害对方的自尊心。私下说明白拒绝的理由会更好。

- 拒绝前先说"不好意思"。相比"不行，我不能答应你的请求"，"不好意思，我真的很想帮你，可是……"这样的话是不是更容易让对方接受呢？

- 不能帮的忙，别不留余地地拒绝，可以换个方式帮忙。比如"抄作业是不对的，我没法借你抄，但是我可以教你做"。

- 拒绝别人时，理由要充分，不要前言不搭后语，更不要找一些根本不存在的借口。

说话的姿态

早自习之前,小组长于小默负责收他这一组的家庭作业。他走到小组的最前面,埋着头,小声说:"交……交作业了……"

他说的话一点儿威信也没有,大家都不听他的。

另一组的宋恩明收作业时,一边用书拍打着桌面,一边大声地说:"快交作业,再不交我就记名字了!"

大家也不喜欢宋恩明用命令的语气说话,所以交作业时也不积极。

而戴小萌收作业时,抬头挺胸,声音很大却很有礼貌地说:"麻烦大家把作业交一下。"组员们听了她的话,一个个都非常配合地将作业本交给了她。

于小默说话时太拘谨、放不开,没有威信;宋恩明的姿态太高傲，总是用命令的口吻和大家说话；而戴小萌说话的姿态谦逊有礼，也不乏小组长的威信。

做同样的事，谁说出来的话更让人信服呢？毫无疑问，当然是戴小萌。

想要得到大家的关注，使人信服，就要学会正确的说话姿态。不同的身份、不同的场合，说话的姿态也是不一样的。

在长辈面前，应该谦卑有礼，切忌大呼小叫，没大没小。

在老师面前，应该尊师重道，懂礼貌，但不要刻意奉承和讨好。

在同学、朋友面前，应该保持平等的姿态，不用太拘谨、小心，但是也不能一副高高在上的样子。

在比自己年纪小的弟弟、妹妹面前，要谦让有风度。

学会应付敏感话题

聊天时，大家突然谈论到谁的爸妈对自己更好，大家纷纷发表自己的看法。于小默说爸爸、妈妈一直陪在自己身边；宋恩明说爸妈会给他好多零花钱；戴小萌说爸妈对自己的好都体现在一些小事情上……

聊得正开心时，杨旭突然发现车迟的脸色沉了下来，好像有点儿不开心。

杨旭这才想起来，前不久，车迟的爸爸、妈妈离婚了，现在车迟跟着爸爸住。这个话题很敏感，一不小心就戳中了车迟心里的伤口。

杨旭赶紧转移话题:"天下的爸妈对自己的孩子都一样好,这有什么好比较的。我们还是来谈谈过几天就要进行的'教师友谊篮球赛'吧,你们说朱老师会不会上场呢?"

大家又开心地聊起篮球赛来,车迟很快就忘了刚刚小小的不愉快。

很多时候,大家聊着聊着,会突然聊到一些敏感话题,从而造成不必要的尴尬和误会。所以,在聊天时,敏感话题能避免则避免。即使不小心聊到敏感话题,也要学会及时地应付。

 如何巧妙地应付敏感话题?

- 在聊天时,如果发现有一点儿敏感话题的苗头,就及时地避开,把话题引向另一个方向。
- 当敏感话题已经出现时,最直接的办法就是装作什么都不知道,然后很自然地转移到另一个不相关的话题。
- 如果发现大家在聊敏感话题时,有人已经沉下脸来,最好的补救方法就是往好的方面说。

勇敢说出你的合理要求

学校的新图书馆装修完了,校长下达了命令,由五年级二班全体同学负责清扫、整理和布置新图书馆。

劳动委员杨旭给大家分配了任务,于小默一个人被分去搬书桌。

分配完任务,杨旭问:"请问大家还有什么问题吗?"

大家都说没有,于小默张了张嘴,但是也没说什么。

新来的书桌就在图书馆的门口,一共有三十来张。于小默上前试了试,真沉,一个人搬估计搬到放学还搬不完。

于小默心里开始犯嘀咕了:"杨旭应该分配两个人来搬书桌嘛,这么沉,我一个人……"

于小默心里虽然有不满,但他怕说出来后,大家会觉得他小题大做,爱计较。于是,他咬咬牙,默默地搬起一张书桌,一步一步地往室内挪。

负责擦玻璃的宋恩明看到了,跑来说:"这么沉的桌子,一个人搬不合适,这张我跟你抬进去,一会儿你去找杨旭重新分配任务,请他多安排一个人。"

宋恩明说完就走了,于小默还是有

点儿难为情，又继续一个人慢慢搬桌子。

这时，戴小萌走了过来，看到于小默满头大汗的样子，很是心疼，但是自己力气太小，又帮不上忙。于是，戴小萌建议道："这个安排不太合理啊！但是，杨旭要安排的事情太多啦，也很难顾及上每一个人。你可以等他不忙的时候，私下给他提提意见！"

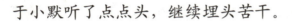

于小默听了点点头，继续埋头苦干。

不一会儿，车迟干完自己的活儿出来，看到了于小默，便主动过来班忙。两人齐心协力，没多久，桌子就搬完啦。

于小默非常感激车迟，车迟却说："小默，你一个人一声不吭地搬，是能独立完成，但是事倍功半啊，你为什么不说出你的合理要求呢？这次活动结束以后，你就半开玩笑地告诉杨旭：嘿，哥们儿，这活儿快把我累死了，下次可别让我一个人做呀。"

原来，大家都知道这活儿一个人做很辛苦！

于小默明白啦，下次有合理的要求，一定会勇敢地说出来！

你明白了吗？心里有想法，可千万别憋着，勇敢说出来，说得有理有据，说得不卑不亢，一定会获得他人的谅解和重视。这不是小家子气，也不是没有男子气概，而是为自己争取合理的机会和权利。

巧妙地转移话题

体育课上,五年级二班的男生正聚在一起,神秘地讨论着什么。车迟凑过去一听,原来他们正在讨论班上的女生。

宋恩明说:"女生小家子气,爱斤斤计较,而且一点儿也不讲义气。"

另外几个男生也说:"对呀,女生胆子小,一只蟑螂也能把她们吓得跳起来。"

车迟觉得这个话题真无聊,而且很丢脸。在背后说女生的坏话,这可不是什么光彩的事情呀!

他想了想,说:"说到我们班的女生,我想起来过几天就是篮球比赛了,还不知道她们会不会给咱们当啦啦队呢。"

提到篮球赛,男生们显然都很有兴趣。

杨旭说:"会吧,上次篮球赛,咱们班的女生就一直在旁边为我们加油打气呀。"

宋恩明一拍脑袋,赶紧说:"哈哈,我想起来了。上次杨旭打篮球把腿摔伤了,还是戴小萌去医务室叫的老师呢。"

杨旭点点头:"对呀。说起来,我们班的女生也并不是只有缺点嘛……"

很快,一场无聊的对话被车迟转移到了有趣的篮球赛上……

如何巧妙地转移话题?

- 当谈论到某人的是非,而你不想谈时,可以不经意地说说这个人身上大家都公认的优点,巧妙地转移话题。
- 遇到不感兴趣的话题,可以从对方话语中的某一个点引出新的话题。
- 当对方说完一段话之后,可以接过话头,为对方的话作补充说明,然后慢慢转移话题。
- 如果对方说到兴头上收不住,可以用他更感兴趣的话题吸引他。

总之,转移话题的目的是为了让谈话更愉快地进行下去,而不是让对方尴尬难堪!所以,没必要的时候,还是不要任性地随意切换话题哟!

气氛突然冷掉了

放学回家的路上,于小默碰到了戴小萌。于小默说:"戴小萌,你家不是在另一个方向吗?"

戴小萌点点头:"对呀,但是我今天去阿姨家。"

于小默点点头:"哦,是这样啊。"

"是呀……"

"我们可以一起走一段路。"

"好。"

说到这儿,两人都安静下来,不知道该说什么好,气氛顿时变得有点儿尴尬。

这时,戴小萌突然跳到于小默面前,一脸神秘地说:"你知道吗?这条街上有一家奶茶店,他家的丝袜奶茶超级好喝呢!"

于小默好奇地问:"啊?丝袜奶茶?是袜子做的吗?这也太恶心了吧……"

戴小萌大笑起来:"哈哈,才不是呢……"

于是,一路上他们从丝袜奶茶,谈到了各种拥有奇怪名称的食物,有说有笑,聊得可开心了,不知不觉就走到了家……

气氛突然结了冰,总不可能任由它冷下去吧!这时候,我们怎样才能活跃气氛呢?

- 遭遇冷场时,一定第一时间主动、大胆地打破沉默。
- 聊天时,不要让自己一直处于被动的应答状态。适当地说出赞扬的话,或发表一些自己的看法。
- 如果不知道说什么好时,就聊一聊大家都知道的话题,比如天气、新上映的电影、学习中发生的事等。
- 多一些面部表情和肢体动作,不要局限于干巴巴的谈话。
- 说一些新奇有趣的事,引发对方的好奇心。

你的话会让人主动接受吗？

于小默和宋恩明说话的内容相似,为什么车迟的反应却不同呢?

因为两人说话的方式不一样,于小默说话语气平和、和风细雨,让人很乐意主动接受。而宋恩明则显得有点儿颐指气使、高高在上。他们两人都是跟车迟分享自己的一些知识,但是,语气、神态、动作以及用词稍有不同,就会给人完全不同的感觉。相比之下,车迟肯定会主动接受于小默的分享,而被动接受宋恩明的信息。

让人主动接受和被动接受的区别

1.把自己知道的事实用正常的语气语速说出来,容易让人主动接受;

故意说得夸张,或者故作惊讶地说"原来你连这个都不知道啊",别人就只会被动接受。

2.一边微笑一边说话的人会给人舒适的感觉,容易让人主动接受;

如果是一边说话,一边嘲笑别人,就显得自以为是,会让别人厌烦,对方就只会被动接受或者拒不接受。

3.谦虚低调地跟人推心置腹地交流,容易让人主动接受;

不懂谦虚,经常说一些难懂的话,比如不常见的英语、名人名言等,一心想让自己出彩,对方只会被动接受或者假装接受。

被误会了怎么办?

这天早上,于小默刚走进教室,就发现所有人正用一种奇怪的眼神看着他。

什么情况?于小默挠挠头,回到自己的座位上。

杨旭立刻凑过来:"于小默,从实招来,你和戴小萌是什么关系?"

于小默莫名其妙:"同学关系啊!怎么了?"

杨旭不怀好意地笑了笑:"有人说昨天看见你送戴小萌回家,大家都说你喜欢戴小萌。"

"什么啊!戴小萌去她阿姨家,我们俩刚好顺路。"于小默哭笑不得,难怪大家看他的眼神这么奇怪呢,原来大家都误会了啊。

有时候,我们难免会被老师、朋友或家人误会,当你被误会时,是不是觉得既委屈又难过呢?你又会怎样消除误会呢?

 当流言蜚语满天飞时

"流言止于智者",阻止流言传播最好的办法就是无视它。如果一定要解释,用平静的语气说话效果会更好。

 当自己被老师误会时

觉得委屈难过时,大哭、发火是解决不了任何问题的;冷静、谦逊地向老师说出事实,才是最重要的。

 朋友因为误会不理自己时

与朋友进行一次开诚布公的谈话,或者用行动证明自己。

开诚布公地说话

上午，宋恩明和车迟正在商量班会的主题，两个人各提出了一个建议，朱老师建议他俩好好讨论，选出一个最好的。

可是，他俩各持己见，都觉得自己的方案是最好的。讨论了半个多小时，也没什么进展。

车迟觉得，如果继续讨论下去，能不能讨论出结果还不一定，甚至有可能会引起争吵，于是他说："我随便，干脆就用你的建议吧！"

宋恩明觉得车迟分明是在敷衍自己，顿时火大了，质问车迟："难道你觉得我的方案不值

得讨论吗?"

车迟却觉得自己很冤枉,自己明明是为了避免冲突,为什么会被对方误解呢?如果车迟坦诚地告诉宋恩明自己的想法,是不是就能避免误会呢?

很多时候,因为沟通不当,或说话方式不对,常常让对方曲解自己的想法,甚至引起误会。如果开诚布公地说话,把自己的想法表达清楚,就不会出现这样的问题啦!

怎样说话对方才不会误会?

- 以诚待人,拒绝敷衍。如果心口不一,会让人感觉这样的沟通是没有诚意的。
- 在沟通时,"听"比"说"重要,所以,耐心听完对方的意见吧!
- 即使内心不认同对方的观点,也不要直接指出来,用委婉的方式表达更容易让人接受。

不要随波逐流

语文课上，学习小组正在积极地讨论朱老师提出的问题。杨旭和车迟给出了相同的结论，可是，于小默的答案却和他们的不一样。

杨旭说："于小默，肯定是你错了。"

车迟也说："对呀，于小默，少数服从多数！"

"可是，我觉得我的答案没错呀……"于小默小声反驳道。

杨旭又说："你的答案是没错，但是不准确、不完美，你看我们的答案……"

杨旭说得有板有眼，一副百分之百确定的样子，于小默瞬间就没了立场，认为杨旭说得有道理，一定是他自己错了！于是赶紧将答案改了过来。

讨论结束后，朱老师公布了正确答案，让人没想到的是，于小默之前想的那个答案居然是正确的！

于小默后悔也来不及了，早知道，就应该坚持自己的答案。

发现自己的观点和别人不一样时，总是容易受别人的影响，别人说什么就是什么。这样不仅不能获得好人缘，反而会渐渐地失去自我，成为对话时最不起眼的那个人。这样的我们又如何获得话语的主动权呢？

掌握话语主动权的重要原则

- 把自己的观点说出来。
- 坚持自己认为是正确的观点。
- 有不一样的想法时一定要说出来，不要藏在心里。
- 选择立场时，不是选择人多的一边，而是选择自己认为对的一边。
- 独立思考，寻找支撑自己观点的证据，让自己的观点变得更完善、更充分、更有理，让自己更确定的同时，也用实证说服其他人。

课堂上积极发言

"你们知道什么动物是由爸爸生孩子的吗?"

科学课上,科学老师问了这样一个问题。可是,大家都不知道答案,没有一个人举手。

这时,于小默悄悄对杨旭说:"这个答案我知道,是海马。"

过了一会儿,科学老师公布了答案,由爸爸生孩子的动物果然是海马!

杨旭不解地问:"于小默,你明明知道答案,为什么不举手回答呢?"

真奇怪,课外和同学们聊天时,不管遇到什么问题,于小默回答得挺积极的呀!可是,一到上课的时候,他就感觉自己的手有千斤重,怎么也举不起来。每次老师提问时,大家都争先恐后地举手回答问题,只有于小默躲在角落里,没有一次站起来发言过。

其实，于小默自己也很苦恼：如果连举手发言都做不到，还怎么参加演讲比赛呢？

很多人都和于小默一样，性格内向，上课不敢举手。其实，举手回答问题并没有什么大不了的，老师可不是吃人的老虎啊！积极地在课堂上发言，不仅能跟上老师上课的进度，学得更轻松，还能锻炼自己的胆量，提高当众发言时的语言表达能力。

要相信，如果你答对了，能得到老师的表扬；即使答错了，老师也会赞扬你的勇气。

让你自信满满的发言诀窍

- 发言之前先做好充分的准备，这样在发言时就不会出错了，下次就会更自信哟！
- 下课后，多去讲台上走一走，适应站在讲台上面对大家的感觉。
- 如果老师点名让你回答问题，要抓住机会，好好地表现，下次再回答问题时就不会害怕了。

关键时刻的决断力

下午，朱老师去开教师大会了。同学们在教室里认真地自习。突然，班上一个叫宝丽的女生流鼻血了，怎么止也止不住血。

教室里顿时乱成了一锅粥。大家都被吓得手足无措，不知道该怎么办，有几个女生都吓哭了。

这时，班长宋恩明突然站起来，大声说："大家不要着急，听我的安排！车迟、杨旭，你们赶紧将宝丽送到医务室。于小默，你帮宝丽把桌子收拾一下。其他的同学回到自己的座位上……"

在宋恩明的指挥下，突发事件很快解决了。

于小默特别佩服宋恩明，这么混乱的情况，他三言两语就轻松地解决了问题。他心想：要是自己遇到这样的事，一定会急得团团转，只会说"怎么办，怎么办呀"这样的话吧！什么时候自己也能像宋恩明一样厉害呢？

遇到困难时，如果身边的人都拿不定主意时，你就勇敢站出来吧，果断做出正确决定。这样的你一定能取得大家的信任，成为关键时刻的意见领导者。

关键时刻做决定应该注意什么

1. 不要胡乱做决定，保证自己的决定是正确的。

2. 不要畏畏缩缩、支支吾吾，要自信、大胆、勇敢地说出来。

3. 声音要洪亮、神情要淡定、决策要果断，这样才能赢得大家的信任。

4. 但是，千万不可独断专行哟！也要征求其他人的意见和建议。

老师，我有一个问题

数学课上，老师正在讲解一道习题，同学们都在认真地听着，突然，杨旭举起手，说："老师，我有一个问题。"

在数学老师的示意下，杨旭站起来，坚定地说："老师，您的答案算错了，计算步骤里少写了一个小数点……"

顿时，教室里一片哗然，同学们都议论纷纷，数学老师也对着黑板思考着什么……

"杨旭的胆子太大了吧，居然敢说老师的不对！"

"哇，杨旭好帅呀！"

"老师怎么会错呢？这下杨旭要遭殃了。"

这时，数学老师示意大家安静下来，她说："我刚刚验算了一遍，发现确实是老师做错了。杨旭，你敢于提出质疑，老师要表扬你……"

真是让人没想到,老师不仅没有批评杨旭,反而表扬了他。这是因为,在老师眼里,一个敢于在课堂上提出质疑的男生,一定拥有善于自主学习的好品质。

不过也有同学会问,要是杨旭提出的疑问是错的,老师还会表扬他吗?当然,即使他的质疑错了,这种勤于思考、敢于发问的精神也值得被鼓励。

要知道,不是每个人都有勇气在课堂上挑战老师的权威,承受大家怀疑的目光。敢于提出质疑,说出自己的观点,才能打破常规,不断创新,在探索知识的道路上不断前行。

哥白尼的质疑

著名天文学家哥白尼,是第一个对影响人类达千年之久的托勒密的"地心说"提出质疑的人。他认为"是地球绕太阳旋转,而非太阳绕地球旋转"。他的理论在当时遭到无数人的反对,但他自始至终都坚信自己的理论,从没有轻言放弃。最终,"日心说"被印证了,哥白尼也成功了。

如果哥白尼没有勇于挑战当时的权威理论,提出自己的质疑,并且在所有人质疑的目光中选择不放弃,那么他就不会有后来的成功。

心理暗示的话

上课时，朱老师宣布，下个月学校要举行一次小学生演讲比赛，班上的同学都在积极地报名参加。可是，于小默迟迟没有行动。

车迟好奇地问："于小默，你不报名吗？"

于小默支支吾吾地说："我想报名，可是……我有点儿不敢……"

于小默当着许多人的面说话都会结巴，更别说演讲了。他生怕一不小心说错话，会被同学们笑话，到时候可就糗大了。

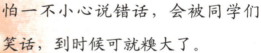

可是，于小默内心还是非常希望自己能成为一名优秀的演说家。

于小默不断地在心里告诉自己："于小默，如果你不踏出第一步，就永远没法成功。你可以把这次的比赛当成一个机会，就算输了也没什么大不了……"

在不断的自我暗示和鼓

励下,于小默终于鼓起勇气报了名。

很多人都跟于小默一样,不敢站在讲台上发言,一说话就结巴,甚至会紧张得手脚发抖。这并不代表你不行,只要多锻炼、多学习,增加自信心,你一定也能成为一名备受瞩目的小小演说家!

这样的话千万别对自己说

"我真差劲!"

"天哪,我一定不行!"

"不要浪费时间了,这太难了!"

"我不适合……"

"我比不上他……"

多对自己说这样的话

★ 取得小成功时,也不忘对自己说一声"我真棒!争取下次取得更大的成功"。

★ 失败了,没关系,一次失败算不了什么,下次一定会成功!

★ 这样的错误,我绝不犯第二次!

★ 要自信,别人能做到的,我也一定可以!

讨论时要注意……

如果讨论时遇到上面这样的情况，各说各话，争论不休……哎，真是一件让人头痛的事呀！其实，只要我们遵守讨论时的规则，就不会出现乱糟糟的情况啦。

没有发言权时别乱说话。

每个讨论小组都有小组长，在小组长同意后，你才可以说话。

 不要打断别人。

其他人发言不要插嘴。即使突然想到什么也要忍住，轮到你时再说也不迟。

 不要大喊大叫。

一直坚持自己的意见，时间久了难免情绪激动。这时候切记不要大喊大叫。深呼吸，等情绪平静下来再说。

 讨论失败后不要不高兴。

如果自己的意见没有被采纳，没有必要生气，也不要埋怨反对你的人。

 与主题无关的话不要说。

讨论时难免会意见不合，即使你感到很生气，也不要用与主题无关的个人问题来攻击对方，这是讨论问题时的大忌。

 一句话不说也不行。

作为讨论小组的一员，每个人都应该积极发言，说多说少不要紧，切不可当隐形人哟！

第四章

能言善辩，
我是演讲小·天才

练好你的普通话

你知道"n"和"l","in"和"ing","h"和"f"的发音有什么区别吗?你是不是常常为自己带着乡音的"塑料普通话"感到烦恼呢?当听到电视里的主持人说着标准的普通话,是不是很羡慕呢?

可不要小瞧了我们习以为常的普通话,想要说好普通话,做到发音标准、语调准确,需要坚实的基础和持之以恒的练习。没有顽强的毅力,一时半会儿可练不成呢!

说一口标准的普通话,会让你在和别人对话,或当众发言时,变得更加自信。而且,作为传承中国文化的主力军,我们也更应该了解自己国家的语言,说好自己国家的语言。

你听说过普通话考试吗?

普通话水平测试分为一、二、三三个等级,每个等级又分为甲、乙两等。其中一级甲等为最高,三级乙等为最低。我们在电视节目里看到的主持人,普通话水平要求必须达到一级甲等的水平。我们的语文老师也必须达到二级甲等的水平哟!

脑袋一片空白

早读课上,朱老师正在抽查大家背诵课文的情况,于小默"不幸"中彩。

于小默哆哆嗦嗦地站起来,脸唰地一下就红了,脑袋一片空白,一个字也想不起来了。

教室里安静了好一会儿,朱老师只好让于小默坐下了。

下课后,同桌车迟不解地问:"于小默,你上课前背课文不是还能够倒背如流吗?怎么一到关键时刻就全忘了?"

于小默灰心丧气地趴在桌子上。他也不知道为什么,私底下自己学什么都得心应手,可是只要一面对公众视线就不行了,喉咙里就像被堵住了一样,别说背课文了,照着读都能结巴。

于小默怀疑,自己是不是患上了"公众恐惧症"……

你是不是觉得自己和于小默一样,怀疑自己患上了"公众恐惧症"呢?我们一起来测试一下吧。

1. 参加集体活动或比赛时很容易紧张。

   A. 是　　B. 不是

2. 和不认识的人说话容易脸红。

   A. 是　　B. 不是

3. 害怕和老师或严肃的人说话。

   A. 是　　B. 不是

4.当众发言经常脑袋空白，忘记要说什么。

A.是　　B.不是

5.做事时如果有人盯着自己，就很容易出错。

A.是　　B.不是

测试结果：

如果你的选择中只有一个是"A"，恭喜你，只要勤加锻炼，你很有可能成为光芒四射的舞台明星。

如果你的选择中有两个或两个以上是"A"，那么你很有可能患上了"公众恐惧症"。赶快学习下面的方法，赶走讨厌的"公众恐惧症"吧！

1. 经常鼓励自己，给自己积极的心理暗示。

2. 大声说话，增加自己的底气。

3. 不要勉强自己，尽力而为。

4. 不要总是想着失败或出丑的那一幕，想点开心的事情。

5. 发言之前，听轻松的音乐，做几次深呼吸，别把神经绷得太紧。

6. 积极地参与班级的集体活动或校园大赛，积累丰富的经验和胆量。

观众都是大白菜吗？

马上就要上讲台演讲了，于小默紧张极了，一边焦躁地走来走去，一边不停地小声念叨："大白菜，都是大白菜……"

车迟听到后，疑惑不解："小默，你在念叨什么呢，什么大白菜、小白菜呀……"

于小默挠挠头，不好意思地说："我，我有点儿紧张。听别人说，把台下的观众当成大白菜，就不会紧张了……"

车迟听完后，哈哈大笑起来："这确实是一个好办法……但是呢，你想一想，如果把观众都当成大白菜，那你的演讲还有什么意义呢？我觉得，和观众互动起来，才是最好的消除紧张的办法，也能让你的演讲变得更精彩，不是吗？"

于小默听完后，若有所思地点点头。

是呀，换位思考一下，如果自己是观众，而演讲的人只顾着在台上说个不停，把观众当成大白菜，那这样的演讲一定会很无聊，让人想睡觉吧！把观众当作大白菜，这不是消除紧张最好的办法，而适当地和观众互动，"炒"热演讲的气氛，受到环境的影响，自己就会变得更加大方、自然。

与观众互动的消除紧张法

- 向观众提问，或者在演讲中插入能够增强互动的话语，比如"大家说呢""你们说是不是呢""大家觉得怎么样"等。
- 与观众互动的动作，比如挥舞手臂。
- 在讲台上走动一下，不要总是保持同一个姿势。
- 设置一个互动的小游戏，或安排答疑环节。

辩论不是"口水战"

星期五的最后一节课,五年级二班举行了一场辩论会。辩论的主题是"小学生该不该上补习班"。

正方辩手是车迟、戴小萌、杨旭,反方辩手是宋恩明和另外两名同学。

比赛开始了,正方的一辩车迟先发言:"我方认为小学生应该上补习班。选择合适的补习班不仅能弥补学生的弱项,也能让自己的强项得到提升……"

正方发言完毕,轮到反方一辩宋恩明发言。宋恩明说:"我方认为小学生不应该上补习班。学生课后需要的是休息和放松,上补习班不仅会给学生带来学习压力,还可能使学生产生厌学的情绪……"

正反双方都使出浑身解数,辩论越来越激烈了。台下的同学们也都为他们捏了一把汗,气氛紧张极了……

可是,在持久不休

的争论下，辩论赛渐渐地变味了……正反双方都激动地站起来，开始争吵了起来。

看着讲台上的辩手们一个个争得面红耳赤，台下的同学们都在想，这哪是辩论呀？简直都快打起来了。

在一旁观战的朱老师赶紧叫停了这场口水战……

● 朱老师小点评

同学们，你们好，这次的辩论赛非常精彩，但是老师也发现在辩论的时候，大家都会忍不住打断别人的话，大声发表自己的看法。要知道，辩论时应该用道理说服别人，而不是一味地争执不休。所以，老师跟大家总结几个辩论的技巧。

1. 辩论时要紧紧抓住自己的论点，立场鲜明，不要走偏了。
2. 不要在对方说话时就急于插话，可以在对方刚说完或者停顿的时候，快速地发表自己的观点。
3. 学会抓住对方话里的漏洞，完善自己的观点。
4. 说话要有底气，理直气壮，不要结巴。
5. 语言通俗，口语化。不要说一些观众或对方听不懂的话。
6. 观点要明确，思路要清晰，不要含糊其辞。
7. 就事论事，以理服人。与辩论无关的话不要说哟！

小心你的口头禅

上课时，朱老师说："谁能把画蛇添足这个故事用自己的话叙述一遍？"

戴小萌第一个举手回答："这个故事讲的是有一家人祭祀之后，准备把一壶祭祀用的酒给下人喝，然后就是……然后就是……然后……"

戴小萌用简单的话把这个故事说完了，可是这几句简单的话里，却有十几个"然后就是"，连戴小萌自己也没有意识到……

很多人都有口头禅，比如"嗯""啊""然后……""那个……"，有时候，这些连自己也没有发现的口头禅,却严重影响了说话质量。尤其是在演讲的时候,这些口头禅很可能会拉低分数。

所以,赶紧将"口头禅"从我们的演讲中抹去吧!

 ## 消除口头禅的诀窍

- 用短暂的停顿代替口头禅。在停顿的时间内,思考接下来的话要怎么说。
- 把要说的话"字幕化"。看电视时,经常能看到下面有一排字幕,让人一目了然。演讲时,也可以把要说的话,在脑海里打上"字幕"。
- 放慢语速,给自己时间思考。
- 说一句话时,最好想到下一句该说什么。

具有画面感的语言

语文课上,老师正讲到"春风又绿江南岸,明月何时照我还",朱老师说:"我想请两位同学站起来,用优美的语言翻译这两句诗的意思。"

1. 车迟:"这两句诗的意思是,春风把长江的南岸吹绿了,明月什么时候才能照着我回家呢?"

2. 宋恩明:"温柔和煦的春风又吹绿了大江南岸的草木,天上那皎洁的月光啊,你什么时候才能照着我回到故乡呢?"

宋恩明和车迟翻译的意思其实都差不多，但是谁的翻译更优美呢？

虽然车迟的翻译很简洁，让人一目了然，但是，大部分同学都认为宋恩明的翻译更吸引人。因为宋恩明的描述就像一幅画，诗中的美景仿佛浮现在了大家眼前。

说话也应该富有画面感。如果你遇到一件有趣的事情，却不能用生动有趣的语言表达出来，那么无论这件事多么有趣，听的人都会感觉不到。

让语言更具画面感的妙招

1.加入适当的修饰词，学会使用修辞。

比如"你的眼睛真好看"和"你的眼睛像山间的湖水一样清澈明亮"，很显然，后者的形容更美。

2.描绘细节，因为细节的加入会让人感觉更真实，更有代入感。

比如"我看到一只半人高的黑狗""我看到了一只半人高的黑狗，它的额头还有一撮小白毛"。

3.适当地夸张能让语言变得更精彩，更有吸引力。

比如"你吓到我了""你把我吓得差点儿跳了起来"。当然，可不能夸大其词呀！

# 演讲就是要让人听得懂

宋恩明在演讲时，喜欢加入一些英语，或难懂的词汇、句子，以显示出自己"博学多才"，但是，他这样做反而让大家都听不懂。

事实上，演讲的基本要求就是要"让观众听得懂"。演讲时的语言一定要通俗、生动、贴近生活，尽量口语化，避免使用生涩难懂的词汇或大量的专业术语。即使必须要使用到专业术语，也最好能在后面做出解释，或换一种更简单易懂的说法。这样才能让每一句话都发挥作用，进入观众的耳朵，让观众更专心地听你说话。

如果总是说一些观众听不懂的话，这样的演讲太枯燥了，渐渐地，观众就会失去倾听的兴趣。没有了观众的倾听，演讲还有什么意义呢？

● **如何让你的演讲变得通俗易懂**

- 运用大量的诗词歌赋、名人典故并不一定是好的演讲，贴近生活的事物或故事更容易引起共鸣。
- 用比喻和打比方来解释专业名词。
- 写演讲稿不等于写一般文章，写演讲稿需要经过多次的删改和口头试验。
- 通俗易懂的大白话会让人感到更亲切。

演讲的口语技巧

于小默一直很奇怪，为什么同一个演讲题目，相同的内容，有的人讲得津津有味，有的人却讲得让听的人昏昏欲睡呢？最大的原因在于"说"的不同。

演讲是在自然语言上进行加工的一门"说"的艺术，它不同于纸上的文章。虽然文章也能表达作者的思想感情，却因为没有声音，而达不到瞬间让人产生共鸣的效果。

同一篇演讲词，如果说得不好，会让人觉得枯燥乏味；如果说得好，能使文章娓娓动听，声声入耳，达到让人感同身受的效果。

演讲就像唱歌一样,也是有技巧的。那么,演讲的口语技巧有哪些呢?

发声方面

1. 吐字要清晰、准确。
2. 声音要富有变化,才能表现出演讲的感情。如果像念经一样保持声调不变,那一定会让人睡觉。
3. 演讲时的声音要持久有力,有穿透力,不能虎头蛇尾。

节奏方面

1. 适当的停顿。如:"伟大啊!什么叫伟大?持续的平凡(停顿)就是伟大!"这里的停顿就起到了强调、突出作用。
2. 语速快慢适中。比如情感激烈时语速可加快,情感趋于平缓时可放慢速度。
3. 语调抑扬顿挫。如抒发激昂、紧张、喜悦、号召、鼓励等情绪时,语调高昂,节奏明快;抒发沉思、严肃、激愤等情绪时,语调下降,表现出凝重。

一次成功的演讲

一次成功的演讲除了需要自信大方的演讲姿态，生动的演讲语言，还需要一篇优秀的演讲稿。那么一篇优秀的演讲稿又需要具备哪些条件呢？

★ **朗朗上口，简明生动的标题。** 最好既能切中主题，又能让观众觉得耳目一新！

★ **吸引人的开场白。** 好的开头就等于成功了一半。演讲的目的就是把自己的思想和观点传递给观众，设计好开头，尽快把观众带入主题，才能为后面的演讲做好铺垫。比如，内容轻松的演讲可以通过讲一个笑话或故事导入。

★ **中心明确，主题突出。** 优秀的演讲稿必须突出一个中心，用理论、事实反复阐明。

★ **一篇优秀的演讲稿需要具有说服力。** 事例典型，论据充分。

★ **结尾要简洁、果断，给人以深刻、完整的印象。**

★ **语言要生动易懂，朴素感人，让人一目了然。** 通常采用口语化的语言。

现在，尝试着写一篇演讲稿吧！

脱稿，你能做到吗？

杨旭演讲时喜欢拿着稿子念，他的眼睛总是盯着演讲稿，和台下的观众没有眼神互动，这样的演讲又无聊又枯燥。而且，看稿子时总是低着头，多没气势呀！

谁愿意听一个总是垂着头的人演讲呢？

哎……看看那些优秀的演说家，抬头挺胸，自信乐观，演讲时根本不需要看稿子，就能侃侃而谈，多让人羡慕呀！

你也想达到这样的水平吗？哈哈，那就先学会脱稿演讲吧！

💕 脱稿，你也能做到！

熟悉你的演讲内容，不要死记硬背。即使忘记了演讲稿的原文，你也要能够用自己的语言陈述演讲内容。

熟能生巧，反复地练习和记忆。可以在朋友、父母面前提前预演几遍，消除紧张感。

画出演讲的思维导图。比如，你的演讲主题是什么，分为哪几个点，第一点是什么，第二点是什么……在脑海中形成结构严谨、逻辑清晰的顺序，这不仅能帮你牢记演讲内容，还能让观众更容易理解哟！

优秀男孩 的 说话 之道　The Art of Talking

糟糕，忘词了！

"大家好，我叫于小默，我今天演讲的题目是……"

于小默站在讲台上进行演讲，讲着讲着，他突然忘词了！于小默突然停顿，引得台下一阵骚动，观众们的眼睛齐刷刷地盯着他，人群里时不时响起"嗡嗡"的议论声。

于小默顿时感到压力倍增，可是，更"悲剧"的是，他越紧张，就越想不起接下来的内容是什么。于小默脸涨得通红，只想找个地洞钻下去。

明明准备得很充分，为什么一上台就大脑空白呢？

于小默接下来应该怎么办呢？快帮他想想办法吧！

老师同学三言两语

车迟：当你忘词了，千万不要停顿，立刻插入几句与演讲相关的话题，或者与观众互动活跃气氛，比如"坐在后面的同学听得到我说话吗"。同时用眼睛环视四周，为自己争取时间，加速回忆演讲的内容。

宋恩明：想不起接下来的内容时，就选择"内容跳跃法"，直接跳过忘记的内容，进入到下一节内容，以免因中断而破坏气氛，影响演讲的效果。

杨旭：可以将前面的话加重语气重复一遍，这往往能让人重新连接记忆的链条，使演讲顺畅地继续下去。

戴小萌：如果实在不知道该怎么办时，不如坦诚大方地承认："不好意思，我太紧张了，请大家给我一点儿掌声，鼓励我一下，好吗？"

朱老师：上面所说的都是紧急时刻的应急办法，但是治标不治本。保证演讲不忘词最好的方法就是积累丰富的演讲经验，培养良好、平稳的心态，做好充分的讲前准备！

废话太多了

　　"大自然是一个五彩缤纷的世界，彩色的春天、绿色的夏天、金黄的秋天、雪白的冬天，还有一望无际的沙漠、广袤无垠的草原、充满神秘的热带雨林，还有深蓝色的大海……人们生活在这么美丽的大自然中，应该感到愉快，应该感恩……"

　　杨旭的演讲已经进行5分钟了，可是还没有进入主题，同学们都想睡觉了。

其实，演讲时并不需要太多的铺垫。因为铺垫得太多，就等于是在说废话，反而会影响观众的兴致。就像杨旭的这篇演讲稿，明明是在说"保护环境"，却一直在说大自然的美丽和神奇。和主题不相关的内容太多，会冲淡主题，以至于让观众不知道你在说什么。

演讲时主题要明确，最好用几句简单的话，就能直接切入主题，这样的演讲内容才能快速地吸引观众。

演讲要注意的事

· 切入主题的时间要快、早、准。

· 说话内容简短、精确，拒绝冗长和不必要的句子。

· 切忌说太多与主题无关的话题。

· 可以有适当的铺垫，形成与主题的反差对比，但是不能超过全部内容的四分之一哟！

演讲时的意外

车迟正在讲台上演讲，说到一半时，头顶的灯突然闪了闪熄灭了，教室里陷入了一片黑暗。

"噢，停电了。"教室里一阵骚动，很显然，观众都没有心思去听演讲了。

于小默在台下替车迟捏了一把冷汗，心想：糟糕，车迟该怎么办呢？难道要中途停止演讲吗？

这时，只听见讲台方向传来几声用手敲击桌面的声音，接着，车迟懊恼的声音响起："噢，经常有人在我演讲时睡觉，我没想到连电灯也睡着了，看样子我的演讲催眠效果很不错。如果有人经常失眠，可以找我帮忙。"

教室里顿时爆发出一阵欢快的笑声。

在大家的笑声中,电灯很快亮了起来,车迟的演讲也得以继续下去。没想到,一场"意外事故",被车迟的三言两语轻松地解决了,还引起了听众更大的兴趣。

于小默心想:这真是一场别开生面的演讲啊!

演讲时突发意外,很多人都会紧张得不知所措,最后导致演讲进行不下去。如果我们在演讲时碰到这样的情况,不如学一学车迟,说一些幽默的笑话,来缓解现场的气氛吧!

- 如果演讲到一半,发现有人离场。

"哦,那位同学,你完全不用站起来为我鼓掌。"

"我第一次演讲时,连我自己也想走。但是我保证,这次演讲会比第一次精彩哟!"

- 麦克风突然没有声音。

"请大家举下手,我想知道有多少人会唇语!"

- 台下闹哄哄的,非常嘈杂。

"多谢大家给我的演讲配乐。大家能告诉我音量控制键在哪儿吗?我想把它调小点。"

让人信服的演讲

演讲、讨论或辩论注重的是理论性的主张和观点。所以在演讲、讨论或辩论时，一般要先提出自己的主张，然后从多方面、多角度论述，提供相应的理论依据。只提出观点而不提供论证依据，会让人难以信服。而观点还没明确指出，就开始强调依据，会让观众听不懂！

我们可以通过一个例子来说明。

杨旭的演讲主题：保护环境。

杨旭的理论依据：论证为什么要保护环境。

大自然正在慢慢变老。随着科学的不断进步和发展，人们对大自然的破坏越来越严重。森林减少、冰川融化、物种灭绝、沙漠化、空气污染等环境问题日益剧增。而这些，无疑是人类造成的，如废气排放、森林砍伐、人越来越多……为了保护我们赖以生存的家园，为了让我们的家园不会变得更糟糕，我们应该重视环境问题。

进一步强调：环境保护的重要性。

1. 通过讲道理论证环境保护很重要。
2. 举例论证：对环境保护做出贡献的人或事。

最后做出总结：保护环境从自身做起。

举例说明我们身边有哪些保护环境的方法，最后根据事例，提出主张：保护环境应该从我们自身做起，从身边的小事情做起。

怎么样，这样的演讲稿是不是让人一目了然呢？你也赶紧试一试吧！

这样演讲更有吸引力

即使再枯燥、再无聊的演讲内容，宋恩明总能"化腐朽为神奇"，讲得非常有意思，让人挪不开眼睛。于小默很羡慕宋恩明，难道宋恩明天生就具备演讲天赋吗？还是宋恩明有一些演讲的小窍门呢？

不如我们来听宋恩明自己说一说吧！

> 其实我并不是演讲天才，只是我在多次演讲后总结出了一些小窍门而已。

如何演讲才能更吸引人呢？

1. 开场白要有趣，找到吸引人的重点。

如果于小默把开场白换成"今天有个人在马路上倒着走路……"，一定能引起别人的好奇心。

2. 突出细节，把你的感受活灵活现地表现出来。

"他长满了大胡子，看上去像个老头。我心想：难道是在拍戏吗？我好奇得不得了，忍不住走近看看……"

3. 吊人胃口。

讲到别人最好奇的地方时，突然打住，观察别人的反应，或者说"你们猜接下来发生了什么"。这样，观众一定会忍不住问："然后呢？发生了什么？快告诉我们吧！"

4. 结局干脆利落，最好有一点儿意想不到的转折。

"我走近一看，才发现这个人根本没有倒着走路，他只是在脑袋后面带了一个大胡子面具。远远看去，真像一个倒着走路的人。这是不是一个特别有趣的游戏呢？下次我们也这样玩，怎么样？"

回答不出该怎么办？

演讲的最后一个环节是提问环节。在这个环节里，由观众向演讲者自由提问。这个环节考验的也是演讲者的临场应变能力。

每个人都希望在演讲时能够表现得完美，包括在演讲后的提问环节，也能一一解答。但是，难免会碰到我们不会回答的问题。

一旦遇到答不上来的情况时，很多人都不知道该说什么，甚至会因此变得更紧张，大脑一片空白，连观众看了也会跟着着急。

甚至，有的人还会试图勉强说明，支支吾吾地搪塞过去，这往往会适得其反，让人觉得你的演讲不够完美，甚至觉得你缺乏诚信。

那么，当我们遇到这样的情况时，应该怎么办呢？

- 先让自己立刻冷静下来，不要慌了手脚。
- 提问环节的问题大部分都与演讲的主题相关，所以，在回答问题时，可以试着从演讲词中找答案。
- 实在答不出来时，就坦诚地承认自己的"不足"吧。比如"对不起，请允许我事后多做些研究，再准确回答你的问题"。

但是，值得注意的是，什么准备都没有，就理直气壮地说自己"不知道"也是不行的。所以，每次演讲前都要进行充分的准备啊！

自信就等于成功了一半

演讲比赛马上就要开始了，参赛的选手们的反应也各不相同。有的人闭着眼，气定神闲；有的人在走廊上走来走去；有的人拿着稿子默默背着……

于小默感到很紧张，时不时拿出演讲稿看一下，生怕待会儿会忘记。而宋恩明则淡定地坐在座位上，静静地等待着。

如果于小默和宋恩明同样准备充分，相比之下，谁的表现会

虽然准备好了，但如果待会儿忘词了怎么办，多丢脸啊……

我的准备很充分，完全不需要担心。待会儿只需要正常发挥就好了！

更出众呢？毫无疑问，一定是宋恩明会表现得更好。因为自信，宋恩明在比赛前已经成功了一半。

登台前的紧张和恐惧是难免的，但也是可以克服和控制的。不必要的担心只会影响演讲时的发挥。要知道，一个平凡人，如果具备强大的自信心，就会显示出强大的力量。而自信心不足的人，即便才华出众，也很难在演讲中脱颖而出。

● **培养演讲自信心的方法**

- 充分的准备会为你带来自信。
- 自我暗示和自我激励。
- 演讲前深呼吸30秒。
- 平衡自己的好胜心，把这次演讲当成一次演练。
- 抬头挺胸，声音洪亮。

用知识武装语言

　　你是不是也和于小默一样,常常感觉到"词穷",不知道该用什么样的语言来表达自己的看法,不会措辞,并感到词不达意呢?

一方面，是你的语言表达能力还需要多加锻炼；另一方面，是因为你的知识储备还远远达不到你的需求，你急需要补充你的词汇量。只有平时多看书、多学习、多积累，积累了丰富的知识，用知识武装语言，才能让自己"想说什么就能说什么"。

演讲知识的积累过程

★ 平时多看书、看报、看新闻，丰富知识，增长见识，积累演讲中的素材。

★ 多听、多看别人的演讲，吸取他们的优点和值得学习的地方。

★ 多和知识渊博、见识广、健谈的长辈或同学聊天，讨论问题，"偷师学艺"。

★ 经常用读书代替看书，增长知识的同时，提高自己的语言能力。

图书在版编目（CIP）数据

优秀男孩的说话之道：一开口就受人欢迎／彭凡编著．—北京：化学工业出版社，2016.11（2024.9重印）
（男孩百科）
ISBN 978-7-122-28137-1

Ⅰ.①优⋯　Ⅱ.①彭⋯　Ⅲ.①男性-口才学-青少年读物　Ⅳ.①H019-49

中国版本图书馆CIP数据核字（2016）第229780号

责任编辑：马鹏伟　丁尚林　　　　　文字编辑：李　曦
责任校对：程晓彤　　　　　　　　　装帧设计：尹琳琳

出版发行：化学工业出版社（北京市东城区青年湖南街13号　邮政编码100011）
印　　装：天津市银博印刷集团有限公司
710mm×1000mm　1/16　印张11　2024年9月北京第1版第14次印刷

购书咨询：010-64518888　　　　　　售后服务：010-64518899
网　　址：http://www.cip.com.cn
凡购买本书，如有缺损质量问题，本社销售中心负责调换。

定　　价：25.00元　　　　　　　　　　　　　　　版权所有　违者必究